ISBN: 978-1-4476-7813-7

MCN: CWT5J-WEVKC-UWVK4

Massimo Polselli

Organizzazione
Bio
Sociale

La prima forma di governo libera

Dedicato a coloro che vissero in un sogno, a quelli che nonostante le difficoltà vi si aggrapparono con la speranza che divenisse realtà. A tutti gli uomini che mai si arresero laddove i giorni più bui non permisero speranza, agli esseri umani che in nome di un ideale di pace e giustizia trovarono la morte.

Con ritrovata forza, dalle ceneri nacque sempre nuova vita.

Introduzione

Il libro contiene anche pareri derivati da un pensiero soggettivo ed alcune delle fonti provengono da internet.

Quando, a 19 anni, ho iniziato a frequentare i corsi della facoltà di scienze politiche, ero entusiasta della cultura che trasudava dai quei testi sui quali cercavo risposte ai miei interrogativi. Galvanizzato dalla lettura e dall'ambiente accademico, non riuscivo però, mio malgrado, a trovare soluzione ai quesiti che mi affioravano nella mente riguardo l'argomento politico. Quesiti quali: "com'è possibile che esistano degli abissali dislivelli sia formali che sostanziali tra le persone facenti parte di un'organizzazione, quando questa nasce con l'unico scopo di amministrarle tutte in ugual modo?"; "com'è possibile che nonostante tutte le rivoluzioni perseguite per degli ideali altisonanti quali la libertà, l'uguaglianza e la fratellanza, la realtà del XX° secolo mostri ancora un panorama del tutto feudale?"; "com'è possibile che un'organizzazione permetta che i suoi membri vengano truffati giorno dopo giorno senza che questi possano reagire?"; "com'è possibile che ogni individuo sia relegato ad un ruolo passivo nei confronti della società, quando è egli stesso a comporre lo stato e quindi a comandarlo?"; "com'è possibile che un rappresentante politico agisca nel suo interesse anziché eseguire minuziosamente i dettami degli elettori che rappresenta?"; "com'è possibile che le persone si facciano togliere gradualmente, una dopo l'altra, ogni tipo di libertà senza nemmeno muovere un dito?"; "com'è possibile che la legge non sia davvero uguale per tutti?"; "com'è possibile che, come disse J.Jacques Rousseau, l'uomo è nato libero, ma dappertutto è in catene?".

Inoltrandomi nello studio della varie discipline, mi rendevo quindi sempre più conto che, eccezion fatta per la sociologia, il nozionismo che veniva insegnato prendeva il sopravvento sul lato scientifico della materia in esame. Secondo il mio punto di vista, infatti, il concetto che si andava delineando della figura dello scienziato politico poteva rivestire poco più dei panni di uno storico delle amministrazioni, con qualche ampliamento nei campi dell'economia, del diritto e della filosofia. Benché tali tematiche potessero essere di indiscusso rilievo, poiché portatrici di conoscenza, tanto parziale quanto complementare, necessaria per interfacciarsi correttamente nell'ambito governativo\istituzionale, la componente scientifica che avrebbe soddisfatto le mie aspettative tardava ad arrivare.

Così, armato di una buona pazienza e di una spiccata passione per tale tipo di sapere, ho intrapreso un cammino personale senza mentori né indicazioni che potessero guidarmi, privo di numeri su libretti universitari e di nozioni da dover necessariamente memorizzare. Mosso unicamente dalla voglia di appagare la mia curiosità mi sono così accinto a scoprire una verità diversa da quella che, fino ad ora, mi era stata messa di fronte, una realtà mai presente nei tanto decantati libri verso cui tutti dovevano mostrare una reverenza quasi sacrale.

Per la prima volta nella mia vita ero da solo di fronte a dei sentieri dei quali non riuscivo ad intravedere la fine, smarrito in un nuovo mondo dove tutto sembrava portare a nessuna conclusione, perso in una terra in cui alcun riparo sembrava capace di garantirmi la sicurezza che con tanta forza andavo cercando. Nonostante abbia più volte creduto di sprecare la mia giovinezza alla ricerca di un qualcosa che forse non avrei mai trovato, mi era sufficiente guardarmi attorno per capire che non ero solo e che, al contrario di quanto potessi pensare, non lo ero mai stato. Il mio senso di irrequietezza e di profonda insoddisfazione nei confronti di una "verità" fine a sé stessa, in cui ogni risposta altro non faceva che depistare gli uomini da quelli che sarebbero dovuti essere i loro reali interessi, erano sorprendentemente condivisi da una quantità colossale di persone, a loro volta in viaggio verso la ricerca di una verità da tempo accuratamente occultata.

A fianco di nuove compagnie ho ritrovato allora la forza necessaria per proseguire ciò che avevo iniziato e, conscio di aver scelto una strada in salita, mi sono apprestato a scalare una vetta che fino a quel momento aveva avidamente celato ai più i suoi meravigliosi paesaggi. Di lì a poco, le soddisfazioni non tardarono ad arrivare ed all'interno di campi quali la psicologia, la sociologia, l'antropologia, la storia delle cospirazioni, dei movimenti massonici, la filosofia europea del XVIII°, XIX° e del XX° secolo, trovai la porta che più avanti ancora mi avrebbe rivelato una parte di ciò che da tempo andavo cercando. Poco oltre, nelle mie frenetiche ricerche, mi imbattei in una mastodontica ed articolata branca della conoscenza umana, il cui ben poco divulgato sapere (che prendeva nome di "complottismo") già da solo bastava a dispensare le più disparate risposte. Nonostante fossi stupito dalla completezza e dall'accuratezza del materiale in esso raccolto da molte illustri menti che vi parteciparono, tale studio non riusciva ancora a soddisfare la mia sete di sapere scientifico nei riguardi delle organizzazioni umane, motivo per cui, spinto dalla più che mai incalzante curiosità, scelsi di proseguire ulteriormente le mie indagini.

Tuttavia, giunto a questo punto, non mi ero del tutto reso conto che le domande per le quali avevo iniziato tale anticonformistico percorso avevano, ormai da tempo, trovato dei solidi pilastri sui quali poggiare le loro risposte e che di conseguenza, altre avevano preso il loro posto. Non rientrava infatti più nei miei interessi studiare solamente il perché tali organizzazioni fossero alienanti ed ingiuste per gli individui, non mi interessava più approfondire la conoscenza dei sistemi attuali in ogni loro cavillo, volevo sapere di più, volevo sapere quale, tra le possibili ed attuabili, potesse essere l'amministrazione corretta e rispettosa per tutti gli uomini, quella che avrebbe restituito loro la sovranità che da sempre gli apparteneva, nel pieno rispetto dei loro diritti di convivenza naturale e non positiva. Ciò che desideravo non era poi molto lontano, anzi era sempre stato là di fronte ai miei occhi, persino all'interno del fantasticato campo sociologico, semplicemente ero io a non essere in grado di riconoscere in tale disciplina quella che sarebbe successivamente stata l'agognata linea del traguardo. Con le conoscenze che nel tempo avevo immagazzinato, l'osservazione biologica, congiunta sia ad una nuova prospettiva con cui analizzare le meccaniche dell'organizzazione sociale, che

all'avvento di nuove tecnologie, trovai infine una
buona risposta.

Indice

Premessa

Ogni singola parte di questo scritto potrebbe certamente dare seguito ad una serie di spiegazioni e discussioni tanto profonde quanto ben specializzate, certamente già racchiuse in voluminose opere che saprebbero affrontare le differenti tematiche esposte in modo indiscutibilmente più esaustivo. Tuttavia, proprio per questo motivo, sarebbe del tutto superfluo trattare dettagliatamente ogni argomento preso in esame, poiché per conoscerli in maniera migliore potrebbe essere molto più semplice studiare libri ad essi dedicati. Per ragioni di praticità e per favorire la comprensione, si cercherà quindi di giungere tanto più velocemente quanto più efficacemente possibile al punto focale della discussione a cui si intende dar spiegazione, non tralasciando, comunque sia, le descrizioni necessarie per arrivarvi in modo opportuno.

Senza perdersi in inutili tentativi di proselitismo, tipici di un mondo che altro non sa fare se non accusare la cattiva fattura delle regole che lo descrivono, endemici di un panorama sociale il cui sottobosco racchiude un fermento degno delle più altisonanti rivoluzioni, ma che a differenza dei tempi passati si trova apparentemente in uno stato di passività ed apatia, quasi del tutto privo di idee concrete ed energie con cui risollevare le proprie sorti, si proverà ad apportare un'alternativa tangibile, espressa in un linguaggio quanto più semplice possibile, che ricoprirà una posizione di contrasto rispetto al quadro politico\istituzionale oggi vigente, in cui la maggioranza delle persone versa in una condizione di cieca schiavitù nei confronti di quei pochi individui che, nel corso del tempo, hanno saputo acquisire e legittimare un sinistro dominio, la cui continuità sembra ormai quasi del tutto ineluttabile. Sebbene chiunque di fronte a sé abbia un mondo che veste sempre più le fattezze del *monopoli*, dove ogni individuo riceve alla sua nascita una "pedina" con cui inserirsi nel grande tabellone della vita, intriso di regolamenti più o meno eludibili che limitano e definiscono le possibilità dei partecipanti che vi prendono parte, nessuno di questi sembra però ancora in grado di alzare la testa dinanzi alle scorrettezze causate da chi non rispetta gli ordinamenti costituiti e di capire, conseguentemente, che si trova solamente all'interno di un "gioco" di per sé nato imperfetto. La vita vera, i suoi valori e le sue meraviglie divengono pertanto un contorno privato ad una "partita" di connotazioni sbilanciate, entro la quale discutere della fallacia che caratterizza le sue regole incarna l'unico elemento possibile su cui intavolare una "normale" conversazione, senza che si presenti il rischio di nuova "eresia", di "terrorismo", piuttosto invece che di semplice "idiozia". Se "il mondo", come disse Albert Einstein, "è quel disastro che vedete, non tanto per i guai combinati dai malfattori, ma per l'inerzia dei giusti che se ne accorgono e stanno lì a guardare", viene come minimo da domandarsi quanti di quei "giusti" calchino adesso il suolo di questa terra o, per lo meno, quanti di questi siano ancora liberi di agire in nome di una propria ed elevata causa per cui lottare.

Dunque, fornire le conoscenze necessarie ad ogni individuo col fine di farlo nuovamente vestire i panni di protagonista all'interno dell'organizzazione di cui lui stesso è padrone, ma da cui oramai è completamente escluso, diviene allora l'unica strada da intraprendere per non incorrere nuovamente nell'ennesimo leader di turno, ansioso di dichiararsi paladino di chissà quale ideologia, magari dozzinale, capace come in passato di costringere le coscienze critiche di ogni essere umano entro a dei limiti sempre più stretti.

Considerando che la materia trattata sia di facilissima comprensione e che la sua apparente tortuosità svolga unicamente la funzione di uno "scudo", peraltro non più efficace, necessario al fine di estromettere il maggior numero di persone possibili dall'argomento organizzativo, ciò che si punta a voler fare è parlarne in modo del tutto naturale, non esclusivistico e verosimilmente vicino all'interesse del più normale cittadino. Premessa quindi la predilezione per un contenuto esente da discussioni ormai assodate, in questo esposto si mirerà alla descrizione di una soluzione da comprovare o, per meglio dire, di una forma di governo alternativa, che sappia rispondere alle caratteristiche di una migliore sostenibilità, una più equa partecipazione sociale ed una maggiore futuribilità rispetto quella attuale. Metaforicamente parlando assumerà l'aspetto di un "gioco nuovo" che si ponga, però, non come rigido, distante ed immutabile nei confronti degli individui che vi partecipino, bensì come una plastica base tramite la quale questi possano realizzare ciò che desiderano in maniera condivisa e nel rispetto, com'è giusto che sia, del volere più collettivo possibile.

Non si vuole provare a sapere ciò che già c'è, ma solo ciò potrà venire.

La sua presentazione ha inizio con l'introduzione del concetto di "meme", considerato lo strumento tramite il quale analizzare sia la funzione del potere (elemento cardine dell'intero saggio), che il modo in cui le differenti forme governative riuscivano e riescono tutt'ora ad usufruirne per indirizzare con esso l'agire sociale. Una volta comprese le basilari meccaniche di funzionamento relative alle varie tipologie amministrative che saranno esposte verrà poi la volta di osservarle in rapporto alle strutture sulle quali si poggiano. Queste, quindi, distingueranno i governi fino ad oggi costituiti all'interno di 2 principali insiemi, diversi tra loro per ciò che riguarda le caratteristiche dell'impiego\esercizio del potere da parte dei membri. Di conseguenza, oltre a valutarne sia i pregi che i difetti, ci si accorgerà che entrambe le strutture, così come i modelli partecipativi che ad esse si affiancano, non solo non riescono a rispondere alle esigenze della società che faticosamente cerca di imporsi, in contrapposizione ovviamente a quella oggi costituita, ma sono e rimangono frutto di un mondo che, ormai in preda dell'obsoleto, grida più forte che mai la necessità di un'innovazione. E' quest'ultima infatti, che come sempre assume le fattezze di una differente chiave di lettura con cui decifrare il conosciuto, a guidare i passi di coloro che intendono confrontarsi con il doveroso cambiamento, che non si presenta però come una semplice rimescolanza di ricette passate, bensì come un nuovo ed esaltante capitolo della storia umana. Tale concetto trova dunque traduzione in un assetto governativo di nuova composizione, in cui struttura e partecipazione sociale presentano connotazioni compenetrate fino ad oggi irrealizzabili. Dove l'organizzazione delineata punta, con l'efficienza più elevata possibile, ad una più salubre interpretazione del naturale funzionamento istituzionale.

I nuovi mezzi e le nuove tecnologie, congiunti alla caduta dei falsi valori passati ed alla riscoperta della persona come unico vero centro di gravità su cui poter centrare una società umana, portano, come inesorabilmente si preannunciava, alla nascita di un'era finalmente diversa e del tutto priva di nubi. Giunge allora il momento in cui il nuovo, giovane e vigoroso, ha forza sufficiente per scalzare il vecchio ormai debole e malato, interrompendo quella tradizione rituale che, ad ogni rintocco del suo ripetersi, altro non fa se non abusare di tutti coloro che in essa erroneamente ripongono la propria fiducia. Si Produce così quell'attimo storico dove, per dirlo in termini semplici, il vecchio vorrebbe presentare un conto che il nuovo non ha certo intenzione di pagare.

Sebbene molti puntino il dito con gesto inquisitorio contro dei burattini teatranti (rappresentanti politici), intenti a definire un quadro di superficiale supremazia politica che, con molta fatica, cerchi di apparire il più reale possibile agli occhi dei suoi spettatori, per alcuni la colpa di un avvertito disagio sociale potrebbe, forse, addossarsi ai più svariati poteri occulti (illuminati?), piuttosto invece che ai vari gruppi dalle intenzioni volontarie di premeditato dominio (bilderberg?), ai quali si potrebbe imputare la responsabilità di un'economia disfunzionale (signoraggio bancario\riserva frazionaria) o di un governo volutamente malsano.

Come sempre invece la colpa può additarsi verso l'uomo, verso ciò che crea, ciò che sopporta e ciò di cui non ha coscienza.

Memetica

Ogni società è caratterizzata da elementi tipici che la differenziano, i quali costituiscono il risultato dell'evoluzione dei geni biologici e culturali in funzione della sopravvivenza, la quale, a causa dell'adattamento alle diverse situazioni che si presentavano nell'ambiente, sviluppava delle mutazioni. Ognuna di queste, che aveva origine dall'interazione tra ambiente ed organismo, costringeva quest'ultimo a modificarsi aumentandone l'adattamento in un determinato habitat.

Senza lasciar spazio ad interpretazioni, premettiamo che quando si parla di processo evolutivo si fa strettamente riferimento a due distinte teorie, quella lamarckiana e quella darwiniana. Mentre con la prima si intende sottolineare una selezione operata direttamente dall'ambiente nei confronti dell'organismo, per cui sono le problematiche in esso presenti a costituire la causa di un relativo adattamento, la seconda invece delinea un tipo di selezione operata in modo indiretto, nel quale le mutazioni avvengono casualmente e senza un fine preciso. L'evoluzione darwiniana ha perciò la capacità di trasformare una forma di vita aumentandone gli elementi necessari e depotenziando quelli inutili per l'ambiente in cui vive, cosi la replicazione sforna copie non perfettamente identiche all'originale. Alcune di quelle "sbagliate" si adattano meglio, sopravvivono con più facilità e con prole più numerosa, divenendo un replicante di successo ed un "gradino successivo" nella scala evolutiva, portando le specie a differenziarsi per caratteristiche dominanti abbandonando quelle recessive.

Come accade per la genetica, anche la cultura è soggetta ad evoluzione e presenta dei caratteri più o meno utili, anch'essi dominanti o recessivi. L'unica differenza tra loro è riscontrabile nel fatto che, mentre la prima è soggetta ad evoluzione prevalentemente darwiniana, la seconda include in aggiunta anche quella lamarckiana.

Entrambe, tuttavia, dispongono di un'unità ereditaria fondamentale o, per meglio dire, di "geni":

Quelli "culturali" si chiamano memi, possono essere parte di un'idea, una lingua, una melodia, una forma, un'abilità, un valore morale o estetico, in genere qualsiasi cosa possa essere comunemente imparata e trasmessa ad altri come un'unità. Costituiscono appunto "unità auto-propagatesi" di evoluzione culturale, analoghe a ciò che rappresenta il gene per la biologia. Più precisamente ancora, il concetto basilare di "meme" è da intendersi come "replicante" nell'ambito di un processo evolutivo, la cui competizione guida l'evoluzione del design socio\culturale che, tuttavia, non può avvenire senza mutazioni, le quali producono varianti di cui solo le più adatte si replicano, diventano più comuni ed aumentano la loro probabilità di riprodursi. Senza di questi non potremmo parlare, scrivere canzoni, o fare molte delle cose che si associano all'essere umano, sono gli strumenti con cui pensiamo e la nostra mente è costituita da un loro insieme.

Richard Dawkins, l'etologo, biologo, divulgatore scientifico britannico e fondatore del termine "meme", sostiene che le culture possano evolversi in maniera analoga alle popolazioni e agli organismi viventi, interrogandosi se oltre al Dna sia possibile individuare altre entità che possano farlo in modo darwiniano (ovvero tramite replicazione e mutazione), attraverso una selezione operata dall'ambiente.

Un possibile candidato, secondo Dawkins, erano le "idee", o "unità di memoria", ribattezzate "memi" per l'assonanza con il termine geni. Molte di queste che passano da una generazione alla successiva possono, infatti, aumentare o diminuire le possibilità di sopravvivenza di quella che le riceve, la quale a sua volta potrà ritrasmetterle. Più culture, ad esempio, possono sviluppare un proprio progetto ed un proprio metodo per realizzare un utensile, ma quella che avrà sviluppato i metodi più efficaci avrà più probabilità di prosperare e di svilupparsi rispetto alle altre. Col passare del tempo quindi, una sempre maggiore parte della popolazione adotterà tali metodi. Il progetto dell'utensile agisce in modo simile ad un gene biologico appartenente a certe popolazioni e non ad altre, guidando con la propria presenza o assenza il futuro di ogni cultura.

Le idee perciò, come sembra indicare Dawkins, non si modificano per il tramite dei soli errori casuali, ma si trasformano a causa dello sforzo cosciente da parte dei loro portatori di migliorarle, valutandone le potenzialità e gli eventuali difetti. Noi le cerchiamo, nello sforzo di migliorare le nostre vite e la nostra visione della realtà, le selezioniamo, scartando quelle che ci paiono inutili o dannose, provando poi a perfezionarle col fine di trovare soluzioni ai nostri problemi o curiosità, ma pur sempre con lo scopo più o meno implicito di incrementare la nostra sopravvivenza nell'habitat.

Per una tribù africana, ad esempio, una persona in preda a delle crisi epilettiche verrà considerata come "posseduta" da qualche spirito e le cure che riceverà saranno di conseguenza poco efficaci, perché per la loro concezione di malattia non vi sono motivi per cui questa possa meritare maggiori approfondimenti. Al contrario, in seguito all'interiorizzazione dei memi forniti della scienza medica, ciò che rappresenta l'epilessia per un cittadino newyorkese è una condizione cronica neurologica, la cui conoscenza permette un differente approccio sanitario e quindi un differente gradiente relativo alla sopravvivenza.

Nel loro insieme i memi costituiscono la conoscenza e la percezione individuale della realtà, possono essere sostituiti attraverso l'imitazione, ma solo se i nuovi risultano essere "migliori" di quelli precedenti. A causa della loro elevata rilevanza il loro studio coinvolse degli autorevoli personaggi, tra cui indubbiamente Ralph Waldo Emerson, (1803 - 1882) considerato "la figura centrale nella cultura americana", il quale affermò che "La chiave di ogni uomo è il suo pensiero. Benché egli possa apparire saldo e autonomo, ha un criterio cui obbedisce, che è l'idea in base alla quale classifica tutte le cose. Può essere cambiato solo mostrandogliene una nuova che sovrasti la sua".

Se esteso oltre i confini individuali, il concetto di meme permette inoltre di osservare che ogni membro appartenente ad una data società, nel momento della sua nascita, si trova immerso all'interno di in un contesto in cui sono già presenti dei "codici culturali" ed una serie di valori derivati dai memi in essa circolanti. A loro volta questi descrivono parti dell'habitat a cui la sopravvivenza fa riferimento, ed in base a cui ogni uomo si adatterà in maniera "inconsciamente programmata", tramite la creazione di algoritmi ideali attraverso cui percepire e descrivere il mondo circostante. Tali chiavi interpretative della realtà possono certamente essere sostituite, ma all'unica condizione che ne vengono acquisite di migliori, presupponendo uno scambio memetico da cui possa in seguito derivarne un'imitazione, od un loro diretto concepimento.

Altra caratteristica che li accomuna ai geni, è la predisposizione ad un'elevata durevolezza, in quanto ogni meme può sopravvivere più a lungo del singolo organismo che li reca in sé. Un gene utile, ad esempio quello per una robusta dentatura nei leoni, può rimanere inalterato nel corredo genetico per centinaia di migliaia di anni. Analogamente, un meme altrettanto utile è in grado di propagarsi da un individuo ad un altro per periodi di tempo molto lunghi dopo la sua comparsa ma, a differenza dei primi, il cui successo è legato all'utilità per la sopravvivenza dell'organismo che lo reca in sé, quello dei secondi è invece vincolato anche a fattori più sottili quali la critica, la persuasione, la moda o la pressione del gruppo. Alcuni di loro si sono quindi riusciti a replicare in quanto buoni, utili, veri o belli, mentre altri vi sono ugualmente riusciti anche se falsi o inutili: dal punto di vista memetico ciò è irrilevante, nel senso che se questo può sopravvivere ed essere replicato, così sarà.

Generalmente poi, notiamo che noi umani cerchiamo di selezionare le idee vere dalle false, le buone dalle cattive, poiché dopo tutto la nostra biologia ci ha organizzati per fare proprio questo, ma lo facciamo in modo imperfetto, lasciando ogni tipo di opportunità ad altri memi di essere copiati, usandoci come loro "macchine fotocopiatrici". Ciò significa che li assimiliamo spesso in modo passivo, poiché la "macchina evolvente" ne sente la necessità in virtù della maggiore qualità\convenienza rispetto all'ambiente. In tale accezione i memi vengono dunque definiti dal programmatore americano Richard Brodie i° "Virus della mente", poiché se funzionanti, si installano e si replicano in altre persone, ammettendo di conseguenza l'esistenza di due loro differenti modalità d'acquisizione. Alcuni, infatti, vengono replicati in modo attivo ed altri, invece, in modo passivo, cosicché mentre i primi sono il risultato di una ricerca coscienziosa, i secondi vengono assorbiti per puro adattamento.

E' quindi chiaro e facilmente intuibile l'effetto che si potrebbe ottenere nel momento in cui l'ambiente dovesse subire una loro circolazione forzata. Guardiamo, ad esempio, ciò che accade con la propaganda di mode, ideologie politiche e religiose, consumismi, musiche ed altro. Si noterà che la maggior parte degli individui all'interno del gruppo mostrerà una visione e concezione molto allineata tra loro riguardo a ciò che costituisce tale sponsorizzato habitat, permettendo lo sviluppo di una "chiave di lettura" comune caratterizzante una data società. La sua uniformazione, che è senza dubbio conseguenza di un processo naturale tendente alla sopravvivenza, mostra pertanto una possibilità di artificializzazione applicabile attraverso la manipolazione dell'ambiente e delle sue informazioni, che può rendersi visibile attraverso una più o meno accurata scelta dei memi da rendere circolanti. L'indottrinamento e l'educazione costituiscono necessariamente gli strumenti con cui diffonderli e ricoprono per questo un ruolo fondamentale il cui peso influirà sulla percezione stessa della realtà individuale.

Ancora una volta e da un altro punto di vista, si torna dunque a ritradurre un sapere che in realtà si tramanda da secoli, relativo al fatto che modificando l'informazione percepita si modifica la realtà e l'azione dell'uomo, proprio come descrisse Platone (Atene, 428 a.C./427 a.C. – Atene, 348 a.C./347 a.C.), nel suo mito della caverna:

Qui egli dipinse uno scenario in cui alcuni uomini sono imprigionati in una grotta fin da bambini, legati con delle catene in modo che possano guardare solo sulla parete di fronte a loro. All'esterno dalla grotta c'è un grande muro oltre il quale si muovono delle persone che portano degli oggetti sulla testa. Ciò che spunta al di sopra del muro non sono però quegli individui, ma solo quello che trasportano. Oltre a questi arde un grande fuoco che proietta le ombre degli oggetti trasportati sulla parete in fondo alla caverna e tutto ciò che gli uomini legati al suo interno possono vedere e sentire, sono le ombre di quegli oggetti e gli echi delle voci di coloro che li trasportano. Fuori dalla grotta vi è tuttavia un mondo normalissimo con piante, alberi, laghi, il sole, le stelle, ma per i prigionieri le ombre e l'eco costituiscono la sola realtà, proprio perché hanno fatto unica esperienza di queste e che quindi costituiscono per loro l'unico ambiente da cui trarre informazione, il quale a sua volta descrive le loro abitudini e ne determina il rapporto col mondo circostante.

In un determinato momento, uno degli uomini legati riesce a liberarsi e a fuggire verso l'esterno. Colui che è libero, appena uscito da quell'ambiente limitato, amplia la propria conoscenza e confronta i suoi memi con altri nuovi derivati da un ambiente differente. In questo modo egli modifica la propria percezione della realtà attraverso una loro selezione, tramite la quale solo ora riconosce di essere stato imprigionato per molto tempo: il nuovo meme, migliore per la sopravvivenza diviene così dominante nei confronti di quello precedente, rendendosi un replicante di successo, tramite il quale è ora possibile la modifica del concetto di libertà individuale, ed in modo strettamente connesso, l'intero significato di vita.

Se paragoniamo simbolicamente l'uomo ad una macchina, proprio per favorire la comprensione relativa la componente memetica, diviene fondamentale affrontare un parallelismo in cui, come sostenne Richard Brodie, "le nostre menti sono costituite da hardware genetico e software memetico", dove il libero arbitrio altro non è che l'utente di fronte al "PC". Metaforicamente parlando, infatti, il corpo è assimilabile ad un contenitore fisico e la cultura è il tipo di programma che vi è racchiuso all'interno (computer biologico), cosicché il suo funzionamento divenga vincolato alla qualità\quantità di informazioni in esso custodite che la selezione provvede automaticamente ad aggiornare e migliorare. Così facendo, tale "filtro" selezionante (che ha scremato informazioni "migliori" da altre divenute "peggiori"), si rende responsabile della creazione di nuove culture e di società sempre diverse, più o meno "progredite", al variare del tipo di memi da loro interiorizzati, ed il cui agire nel tempo non permise ad ognuno di loro la corretta replicazione nelle generazioni successive, determinandone una conseguente perdita parziale.

Tale dispersione, apprezzabile soprattutto in questi ultimi secoli, non fu tuttavia dovuta all'unica scrematura di stampo naturale, ma anche ad una più o meno attenta ed artificiale selezione. Si può infatti parlare dell'una nel caso in cui non vi sia stata comunicazione e scambio diretto tra le società che li possedevano, costringendo, ad esempio, l'uomo a "scoprire" eventi passati e soluzioni scomparse attraverso la reinterpretazione dei rinvenimenti archeologici, mentre si sconfina nell'altra se tali riconosciute scoperte non sono state volontariamente diffuse.

Ogni corredo, che fa parte di un retaggio tramandato da generazioni e che, di volta in volta perfeziona e migliora la base educativa del popolo che le riceve è, allora, immensamente responsabile del futuro che i suoi membri determineranno, poiché andrà a costituirne sia il grado di civiltà che la base di partenza da cui essi progrediranno. Se, ad esempio, non avessimo aggiornato il software dei nostri computer, il livello di utilizzabilità e progressione delle nostre macchine, sarebbe rimasto basso e non avremmo avuto il beneficio dell'attuale tecnologia. Allo stesso modo, se l'uomo non avesse metaforicamente aumentato le potenzialità del proprio intelletto con memi migliori, non avrebbe raggiunto livelli superiori rispetto a quelli dell'età della pietra. Ogni volta che interiorizzava un nuovo meme, questo diveniva parte integrante della sua cultura ed entrava a prendere corpo nell'educazione del suo gruppo, verso cui gli individui che ne erano inclusi facevano riferimento e nei confronti del quale essi stessi si sviluppavano ulteriormente.

Nascondere un meme non significa perciò solamente sabotare l'uomo e la sua civiltà, ma costringerlo ad intraprendere forzatamente strade differenti, esattamente come vuole la consuetudine per i rami di un albero bonsai. Gli avanzamenti umani infatti, necessitano di un costante aggiornamento della base di partenza a cui far riferire tutti gli altri successivi, cosicché da quelli precedenti dipenderanno tutti quelli conseguenti. Il loro sviluppo infatti diviene vincolato a quelli che già si conoscono, poiché una qualsiasi persona, pur geniale che possa essere, non potrà mai inventare qualcosa all'interno di campi che non conosce. Un idraulico ad esempio non potrà plasmare la legge della relatività se non ha interiorizzato la fisica, ma sarà invece capace di creare un utensile od un metodo migliore per affrontare determinate problematiche a lui connesse. Allo stesso modo un avanzata teoria scientifica non potrà essere scoperta se all'interno della disciplina interessata non vi saranno gli elementi necessari per derivarla, cosicché si possa capire che l'importanza del meme risulta fondamentale ai fini del processo evolutivo, ognuno di loro ne costituisce un gradiente da cui poi ne potranno derivare degli altri differenti che, per loro natura, saranno ovviamente più avanzati.

Non appena compreso il significato relativo al concetto di funzionamento dei memi e dell'evoluzione ("corredo genetico culturale"), viene poi il momento di rivalutare ogni aspetto della vita umana in relazione ad un'ottica differente, tramite la quale diviene possibile comprendere che, salvo il libero arbitrio, tutte le sue azioni, le sue credenze e quindi il suo comportamento, sono direttamente consequenziali alle informazioni presenti nel "campo" (ambiente) in cui questo si sviluppa. La vita individuale non è perciò il riflesso di quella Reale, ma semplicemente una "bolla ereditata" costituita da tradizioni, conoscenze, religioni, timori, pregiudizi, punti di vista e superstizioni, essenziali per la sopravvivenza. Se analizzate con cura, dipingono l'uomo come il prodotto di ciò che qualcuno, prima di lui pensava o diceva, cosicché le proprie credenze non varino a seconda della verità che queste potrebbero includere, bensì per via del contesto socio – culturale in cui ci si troverebbe a nascere. Ciò che costituirebbe l'unica differenza tra i vari individui diventerebbe dunque rintracciabile nel pacco di informazioni inserite nella loro mente.

In relazione a questo, viene la volta di utilizzare la chiave di lettura fornita dalla memetica in attinenza alla tematica che da qui in avanti guiderà l'intero scritto, motivo per cui si rende necessario introdurre, anche se in forma espressamente "meccanica", il primo elemento d'analisi a noi strettamente congeniale.

Se dovessimo parlare di un meme in particolare per la trattazione di un tema riguardante le forme governative, lo sguardo sicuramente cadrebbe su quello che, da quando l'uomo conserva memoria, caratterizza la sua vita e che senza dubbio prende il nome di "potere". In quanto idea infatti, appartiene a tutti coloro che ne hanno consapevolezza, ed in questo è ad esempio simile alla ruota, nel senso che chi la conosce la usa e chi non la conosce ne fa a meno, perché la ignora. Per via della sua conformazione, gli individui che ne hanno cognizione acquisiscono automaticamente coscienza del suo funzionamento, mentre chi ne è all'oscuro non interiorizza le sue meccaniche e non potrà pertanto, utilizzarlo. A prescindere dal fatto che le persone ne siano più o meno informate, rimane che questo esista e si trovi in ognuna di loro, semplicemente nessuna di esse è consapevole di averlo e di conseguenza non sa in che modo adoperarlo. Contrariamente alle suddette, chi lo conosce saprà incanalarlo dagli altri acquisendone la somma, riuscendo a definirne una forma superiore rispetto a quello individuale, nei confronti della quale ogni persona a cui è stato sottratto mostrerà la propria relativa "obbedienza" (legittimazione).

Da un punto di vista amministrativo, coloro che lo cedono perdono insieme ad esso la proprietà esclusiva di ciò che riguarda il loro scegliere, determinare ed agire nell'interfaccia amministrativa, poiché tramite l'alienazione (legittimata oggi per mezzo di un'organizzazione statale), tali capacità vengono da loro trasferite ad una terza persona incarnante un ruolo istituzionale (amministratore).

Questo quindi ne trattiene la somma, divenendo capace di esercitarla in loro rappresentanza.

Dato che ogni sua decisione includerà la forza di tutti i poteri in lui riassunti, la funzione che questo ricoprirà all'interno del proprio gruppo diverrà quella di "guida autorevole" e riconosciuta, le cui scelte sapranno dar voce ad un ordine "superiore" in grado di indirizzare l'azione collettiva, per mezzo del quale verrà "animata" l'intera organizzazione con cui gli individui saranno amministrati.

In altri termini il meme potere apporta la conoscenza della propria personale capacità politica, tramite la quale diviene possibile esercitare il proprio peso nei riguardi di una scelta amministrativa condivisa. Tutti coloro in cui questo si replica acquisiscono consapevolezza del suo utilizzo, mentre quelli che non ne entrano in contatto non ne rimangono chiaramente in grado. Per chi non riesce ad esprimerlo vi sono dei rappresentanti, che ne incanalano la quantità e lo sfruttano in loro vece, determinando un differente tipo di forma organizzativa al variare del numero di cui questi si compongono.

Vi sono inoltre altri memi di fondamentale importanza, che permettono al potere di mantenere la propria esclusività. Per loro tramite chi lo incanala riesce a preservare la sua superiore posizione al di dietro d'una rete d'informazioni fuorvianti, le quali da sole rallentano sia la replicazione, che l'effetto del meme potere nella popolazione. Per farne un esempio proviamo a pensare ai sudditi di un faraone egizio, che cedevano a lui la somma dei propri poteri in nome di una sua discendenza divina. Il meme responsabile di tale loro profonda ed ingiustificata devozione, grazie al quale era per loro congeniale delegare qualsiasi potere, aveva la capacità di favorire un accentramento verso colui che si credeva avesse una discendenza ultraterrena.

Tuttavia, al continuo variare delle tipologie relative alle forme di governo, tali memi si sviluppano con esse e sebbene alcuni vadano perduti, altri nuovi vi si affiancano, mentre altri ancora continuarono a svolgere inviolati la loro specifica funzione.

L'effetto che da sempre producono, ha costantemente relegato gli individui che ne sono entrati in contatto a non acquisire piena consapevolezza delle proprie capacità e a cedere conseguentemente il proprio potere in modo non limpidamente volontario, bensì a causa di un'abitudine che nel tempo va, comunque sia, gradualmente meno consolidandosi.

Per dare un breve accenno della presenza di questi memi e dell'allontaramento del potere che riescono a produrre nella maggioranza delle persone, si riporta ad esempio che la democrazia, come il famoso politologo statunitense Robert Alan Dahl (1915) rende chiaro in proposito, non è presente negli stati che in realtà si etichettano come tali. La sua analisi tecnica della forma di governo statunitense (conosciuta in qualità di "democrazia per eccellenza") mostra che contrariamente a come viene fatto apparire, questa invece sia assolutamente nominale, ed una più corretta definizione per descrivere la forma attualmente utilizzata, corrisponderebbe invece all'espressione di **"poliarchia"**.

Tale termine, appositamente coniato dal professore dell'università di Yale ("πολυαρχία", "poly" molti, "arkhe" potere), vuole descrivere un governo in cui il potere è detenuto unicamente dalla classe "responsabile" degli uomini, mentre il resto della popolazione è invece frammentata, distratta, semplicemente "autorizzata" a partecipare alla vita pubblica. La loro unica possibilità d'interazione nel sistema avviene così per mezzo di una piccola e limitata scelta operabile su coloro che detengono il controllo "legittimato", ossia tramite l'elezione di un candidato loro fornito, occultando la reale dislocazione del potere e rendendolo non direttamente visibile od interagibile da parte del corpo sociale (che dovrebbe invece essere sovrano).

Riallacciandosi poi alle riflessioni di James Madison (1751 – 1836, ispiratore dell'analisi di Dahl, famoso politico, 4° presidente degli stati uniti, considerato uno dei suoi padri fondatori, nonché uno dei principali autori della costituzione americana), vediamo che la stessa costituzione non venne stilata per svolgere unicamente il ruolo per cui la conosciamo (legge fondamentale di un ordinamento giuridico – DNA dell'organismo sociale), bensì per concedere protezione ad una minoranza elitaria nei confronti della maggioranza che si sarebbe stabilita col sistema democratico, aiutando coloro che accentravano potere a mantenere un ricambio apparente della classe governante.

Oltre a questo riportiamo che il matematico, economista, filosofo e politico francese Jean-Antoine-Nicolas de Caritat, noto alla storia come marchese di Condorcet (1743 - 1794) studia che i sistemi elettorali, quali quello preferenziale con doppio turno, si prestano ad essere facilmente adulterati (noto come "paradosso di Condorcet"), in quanto l'esito della procedura di votazione a maggioranza può risultare irragionevole dal punto di vista del principio maggioritario stesso, togliendo necessariamente trasparenza sia alla partecipazione che alla contribuzione sociale nella determinazione delle cariche pubbliche, falsando quindi "legalmente" il risultato elettorale.

Prima di passare al prossimo capitolo cerchiamo di immaginare autonomamente la visuale memetica del potere in qualità di un "paio di occhiali" con cui riosservare, in modo magari più critico, l'intero percorso storico. Questo ovviamente in relazione alle modalità con cui, nello scorrere del tempo, si presentarono le differenti amministrazioni umane.

Tale osservazione però, deve essere compiuta tenendo ben a mente che, come Peter Joseph fa notare, "l'ordine sociale così come lo conosciamo si può dire essere generato, sia direttamente che come conseguenza sistemica, dalle idee che lo compongono. Una volta perciò, che un dato insieme di idee si è radicato in un gruppo di persone abbastanza grande, ha la capacità di diventare un'istituzione, la quale nel caso dovesse divenire dominante, può essere considerata stabile".

Ognuna di quest'ultime è dunque una semplice tradizione sociale caratterizzata dall'impressione della sua permanenza che, a loro volta, influenzeranno la base culturale delle persone con cui entreranno in contatto, sia che si trattino di valori, di identità piuttosto che di prospettive con cui rapportarsi col mondo circostante. Le istituzioni create altro non sono allora che una semplice piattaforma di condizionamento con cui programmare, se si vuole, le "visuali" individuali.

Struttura Verticale

L'ordine prodotto da colui che detiene il potere determina un comando che indirizza l'agire sociale e anima, per suo mezzo, l'organizzazione con cui gli uomini amministrano il proprio gruppo. Nel tempo tuttavia, il numero e le caratteristiche relative a chi deteneva potere mutano in rapporto ad una consapevolezza sempre più acquisita del potere individuale, dalla deriva una costante e graduale necessità di ampliare le modalità con cui soddisfare le sempre più pressanti questioni sociali.

Inizialmente infatti il titolo di "guida" (in questo caso monarca) veniva attribuito ad una sola persona, per il cui ruolo disponeva della capacità di scegliere individualmente l'orientamento condiviso da intraprendere, in diretta sostituzione dell'intero corpo sociale, mentre successivamente, in conseguenza alle specializzazioni sviluppate dalla società e ad una più espansa consapevolezza del meme potere, tale rapporto diviene formalizzato in delle istituzioni che spartiscono la somma totale del potere tra un numero differente (maggiore) di accentratori.

Ad ogni tipologia governativa ha quindi sempre corrisposto una differenza data dal numero di soggetti abilitati a rappresentare il volere sociale (con o senza consenso collettivo), i quali, da un punto di vista storico, aumentarono in proporzione alla coscienza politica individuale acquisita. Ognuna di queste trova perciò ubicazione nei vari paesi a seconda della quantità di replicazioni che il meme potere ha compiuto negli abitanti che vi risiedono.

Aristotele (Stagira, 384 a.c. – Calcide, 322 a.c.), che fu uno tra i filosofi più rilevanti del periodo ellenico, dopo le attente osservazioni necessarie a fornire un'appropriata descrizione relativa alle disparate forme governative, giunse alla ragionevole conclusione di distinguerle in 6 principali tipologie, a loro volta divise in 2 basilari categorie (sane e corrotte), ognuna delle quali ne avrebbe infine incluse 3.

Il suo pensiero contemplava la trasformazione di ogni possibile forma sana in una possibile degenerazione, che si sarebbe verificata a seguito di determinate e conosciute condizioni.

La prima ad essere da Lui descritta è la **monarchia**, considerata la prima forma di buon governo, presente già al tempo dei domini babilonesi, assiri ed egizi. La sua principale caratteristica è costituita dall'accentramento del potere nelle mani di una singola figura, che prende il nome di monarca. Colui che ricopre tale carica è considerato una vera e propria divinità, regnante per volontà di dio ed in alcuni casi la sua stessa incarnazione. I suoi poteri mostrano caratteristiche assolute ed incontrastate, poiché è l'arbitro, gestisce la burocrazia e controlla un forte esercito centrale che, oltre a dividerlo dai sudditi e a costituirne la tutela, appaga il loro desiderio di protezione e di sicurezza (elemento di scambio tipico dell'età feudale).

Tutte le attività del suo operato possono quindi distinguerlo per delle benevoli qualità, così come per delle malvagie connotazioni, tipiche invece di un vero tiranno.

Dunque, se le sue inclinazioni dovessero tendere ad evidenziare delle attitudini abusatrici, la forma monarchica si troverebbe nella condizione necessaria di degenerare nella corrispettiva variante corrotta, la **tirannide**, di cui Vittorio Alfieri, nel tardo '700, descrisse le caratteristiche: "Tirannide indistintamente appellare si debbe ogni qualunque governo, in cui chi è preposto alla esecuzione delle leggi, può farle, distruggerle, infrangerle, interpretarle, impedirle, sospenderle; od anche soltanto deluderle, con sicurezza d'impunità. E quindi, o questo infrangi-legge sia ereditario, o sia elettivo; usurpatore, o legittimo; buono, o tristo; uno, o molti; a ogni modo, chiunque ha una forza effettiva, che basti a ciò fare, è tiranno; ogni società, che lo ammette, è tirannide; ogni popolo, che lo sopporta, è schiavo."

Il passo successivo nella descrizione è costituito all'**aristocrazia**, in cui il potere non è più affidato ad un solo individuo con l'eventualità di una possibile quanto latente tirannia, ma è spartito tra più persone: i "migliori". Infatti la parola greca aristòs è traducibile in italiano con il termine "nobile", a sua volta trasponibile in "onorevole" ed infine assimilabile con "degno di merito".

Dato che accentra il potere nelle mani dei "migliori", quelli più preparati ad affrontare questioni complesse, si presuppone logicamente che questa sia la migliore forma di governo possibile. Nel momento però in cui questi dovessero sfruttare la loro superiore posizione in modo indebito, o rivolto a favorire gli interessi particolari, la forma aristocratica incorrerebbe in un tipo di governo corrotto, gestito da una minoranza o, per meglio dire, da pochi scelti, che prende il nome di **oligarchia**.

Altro ed ultimo esempio di forma sana è la **politeia**, la quale affida il governo nelle mani di molti ma non di tutto il corpo sociale, solamente di 1\3. In questo insieme sono inclusi tutti coloro che non sono schiavi, forestieri o donne, [...], ma "cittadini perfetti", ossia chi all'epoca era figlio di due ateniesi. Chi detiene potere, lo esercita attraverso meccanismi di rotazione e di sorteggio, determinando un buon funzionamento amministrativo causato dal ristretto numero demografico per città stato. L'ulteriore espansione del potere nei confronti dell'intera popolazione genera infine un governo di massima composizione sociale, chiamato appunto **democrazia** che, per via di una gestione totalmente estesa del potere, mostra un differente connotazione di corruzione che la contraddistingue dalle altre, arrecata in relazione alla possibile "demagogia": composto di "demos", "popolo" ed "agein", "condurre, trascinare", tale termine indica un comportamento politico che, attraverso la retorica e false promesse vicine ai desideri del popolo, mira ad accaparrarsi il suo favore, spesso facendo leva su sentimenti irrazionali e bisogni sociali latenti, alimentando la paura o l'odio nei confronti dell'avversario politico o di minoranze utilizzate come "capro espiatorio". In altri termini, la democrazia concede spazio all'attività di quell'individuo che in vista del proprio vantaggio spinge le persone a fare qualcosa contro il loro interesse, sviandone la percezione dalle reali necessità. E' la forma governativa che, al contrario di tutte le altre, attribuisce potere a chi è meglio in grado di plagiare gli individui e che, di conseguenza lo pone nelle mani di coloro che più di tutti gli altri sono capaci di incolpare e di dirigere conseguentemente l'attenzione sociale verso futili obiettivi.

Al di là delle loro caratteristiche o di qualsiasi fatto storico in particolare, ogni forma sopra descritta può essere implicita conseguenza del grado di consapevolezza popolare del meme potere.

In principio la sua replicazione non era molto diffusa tra le persone ed era, come già detto, supportata in larga parte da altri memi che lo rendevano di difficile accesso alla maggioranza. Il livello di consapevolezza collettivo era perciò talmente basso da non permettere agli individui di rapportarsi autonomamente col proprio "voler decidere", e l'intero flusso che questi alienavano da se stessi confluiva nelle mani di un singolo individuo, da prima connotato da poteri mistici e successivamente da altri di natura militare. Più avanti nel tempo, in risposta alla continua replicazione memetica, tale forma organizzativa (monarchica) fu poi costretta a variare in relazione ad una più espansa coscienza acquisita, la quale propugnava il bisogno, da parte dei singoli, di riacquisire nuovamente l'identità di ciò che era stato loro tolto, cosicché ad ogni ulteriore replicazione del meme potere, le pressioni verso tutto ciò che lo accentrava acquisivano una notevole forza aggiunta, e quando queste raggiungevano degli apici, quelli che erano abbastanza incisivi da determinare un punto di sfogo, sfociavano in delle rivolte il cui scopo nella storia ha costantemente mirato ad una sua più corretta redistribuzione (del potere).

In questo modo vi fu quindi il passaggio dai governi monarchici ad altri in cui il ruolo di accentratore coinvolse un numero sempre crescente di persone, senza mai però giungere ad una forma governativa che fosse priva d'intermediazione. Ognuna di quelle che si stabiliva, altro non faceva che allargare il numero di individui tra cui se ne sarebbe spartita la somma, non permettendo però ai suoi legittimi proprietari di divenire capaci di rapportarsi col proprio.

Tutte le istituzioni che susseguirono, continuarono conseguentemente a basare la propria capacità di produrre un "ordine superiore" per mezzo della costante alienazione del potere individuale, attraverso cui i suoi accentratori riuscivano a dislocarsi ad un livello gerarchicamente più elevato all'interno del proprio gruppo e a ricoprire posizioni privilegiate che rendevano automaticamente succubi del loro volere tutti quelli sottoposti.

Vi sono tuttavia rari casi storici in cui forme come la democrazia vennero esercitate realmente tra tutti i cittadini.

Altro curioso aspetto di questo processo storico, fatto di rivolte con conseguenti redistribuzioni del potere, sembra consistere nella creazione di meccanismi atti alla sua implicita ed esplicita preservazione: chi infatti lo incanalava, era naturalmente portato a conservare la propria elevata posizione all'interno di in un contesto in cui questo veniva sempre più capito e spartito dalla maggioranza, poiché possederne un massiccio quantitativo avrebbe logicamente garantito loro dei privilegi indiscutibilmente elevati.

Di conseguenza, gli accentratori furono "quasi portati" ad avvertire la necessità di dare origine a dei metodi capaci di renderlo esclusivo, in modo tale da conservarne i tipici benefici. Tra questi uno di quelli indubbiamente più proficui ed efficaci fu senz'altro la segretezza, tramite la quale la reale dislocazione del potere poteva essere occultata dietro a delle informazioni mancanti o fuorvianti. La manipolazione delle percezioni che in tal modo veniva prodotta, dava, dunque, adito ad una spaccatura della realtà che a sua volta definiva due mondi tra loro differenti, in cui da una parte si trovavano tutti quelli che conoscevano la verità relativa sia all'esercizio che all'acquisizione del potere (con reale dislocazione), mentre dall'altra prendevano posto tutti coloro la cui attenzione era stata naturalmente\artificialmente depistata.

Se così poteva essere, la politica che ne conseguiva diveniva un'intercapedine tra quello che le persone volevano e quello che invece era già stato deciso per loro, ed i governi che si succedevano altro non facevano se non caratterizzare l'intera organizzazione attraverso un forte comando privato defilato da un'ininfluente facciata amministrativa pubblica. Sebbene le citazioni riportabili a riguardo possano essere numerosamente cospicue, osserviamo che lo stesso Dr. Joseph Goebbles, ministro della propaganda nazista, dichiarò che "la menzogna si regge solo per il periodo di tempo in cui lo Stato è in grado di nascondere al popolo le sue conseguenze politiche, economiche e militari. Quindi è estremamente importante che lo stato ricorra a tutti i suoi poteri per reprimere il dissenso, poiché la verità è il nemico mortale della bugia. Quindi per estensione, la verità è anche il maggiore nemico dello Stato". Sennonché John Fitzgerald Kennedy, anch'egli in un periodo molto più tardo rispetto alla nascita di tale strumento conservativo, ammise pubblicamente la presenza in tutto il mondo di una monolitica e spietata cospirazione, affidata principalmente a metodi segreti per espandere la propria sfera d'influenza (materia principe del cospirazionismo).

Da un punto di vista prettamente memetico, questo processo "evolutivo" delle forme governative potrebbe essere forse ascrivibile a delle mutazioni di tutti i memi capaci di preservare il potere, cosicché, come si potrà notare, questi furono costretti a passare da una loro fase iniziale, in cui riuscivano a sopravvivere e a tramandarsi pur essendo molto espliciti, ad altre in cui l'occultamento nei confronti della maggioranza divenne una loro prerogativa necessaria per non morire e riprodursi. Vi fu allora la traslazione da un potere accentrato ed esposto alla luce del sole, ad un altro che, invece, divenne nascosto perché non più legittimato, ma che tuttavia non smise mai di funzionare (sempre secondo le teorie "cospirazioniste").

Sebbene l'evoluzione dei governi abbia mutato molti aspetti del modo con cui beneficiare del potere e delle possibilità individuali nei confronti del suo esercizio, vi è un elemento, tuttavia, che fino ad oggi ha costantemente preservato la propria integrità all'interno delle rispettive forme governative. Benché sia variata la quantità degli accentratori interni all'organizzazione, non ha mai invece fatto altrettanto la modalità con cui queste riuscivano ad ottenere potere e ad acquisire un consequenziale "valore autoritario".

Ciò che, a ben vedere, accomuna i più diffusi sistemi governativi rintracciabili da 6000 anni a questa parte è la **struttura verticale del potere**, la cui principale peculiarità è data dall'alienazione del potere individuale in favore di un rappresentante\accentratore che, per suo mezzo, diviene in grado di dislocarsi ad un gradino superiore rispetto a coloro che lo hanno ceduto. La stratificazione cetuale che si produce, definisce in genere la presenza di 3 tipi di persone: "chi comanda", "chi comanda ed esegue" e "chi esegue", le quali si distinguono tra loro per via della quantità di potere a cui hanno accesso e di cui dispongono. Minore sarà dunque la "distanza" dell'estremo in cui questo è più accentrato, maggiore sarà quello di cui si potrà usufruire, cosicché vi sia, in questi termini, una disuguaglianza formale distinta tra i vari livelli strutturali. Spiegarla più semplicemente tramite un esempio che la paragoni ad un'abitazione, significherebbe forse vederla come un condominio a più piani di forma piramidale, in cui chi occupa l'appartamento più elevato ha il potere di decidere per tutti quelli che si trovano al di sotto.

Come si potrà facilmente notare, di per sé, ogni abitante dovrebbe risiedere al medesimo livello, ma attraverso l'alienazione individuale di potere, alcuni di questi si assicurano una posizione soprelevata all'interno della struttura, che sarà tanto più alta quanto più sarà la quantità di potere da loro detenuto. Ciò che ne risulta sono molti ininfluenti "inquilini" e pochi autorevoli "capi condominiali", vincolati a vicenda da un rapporto abitudinariamente gerarchico legato all'obbedienza, che porta necessariamente i primi ed essere sottoposti dei secondi. Le organizzazioni che ne potranno discendere, seguiranno ritmi concorrenziali ed utilizzeranno la competizione in qualità di mezzo necessario per scalare i suoi differenti livelli. L'immagine ultima con cui allora si presenta, mostra connotazioni di tipo verticistico, dove chi detiene maggiore potere è numericamente inferiore a coloro che vi obbediscono e dove chi ne è dotato, lo usa in rappresentanza di tutti gli altri per mezzo di una più o meno diretta imposizione.

La struttura verticale del potere riflette chiaramente un particolare tipo di **struttura sociale**, ossia il frangente all'interno del quale si svolgono tutte le azioni sociali. La sua forse migliore definizione la descrive come "l'articolazione degli status, dei ruoli e delle istituzioni nella quale vivono gli individui che, in questo modo, danno vita a gruppi e sistemi di relazioni caratterizzati da differente complessità". Ad essa perciò si imputano le possibilità dispositive dei membri all'interno del gruppo, la conformazione che questo assumerà, ed i dislocamenti "cetuali" che si potranno definire. Quella del potere è responsabile sia della posizione degli individui in relazione al potere, che del tipo di organizzazione che questi andranno a costituire.

Dato quindi l'enorme impatto che genera sull'aggregazione sociale, la sociologia ne compie ormai da tempo un studio molto approfondito, di cui alcune sue tesi non sembrano descriverla come un "qualcosa" di fisso ed immobile, ma come "un delicato momento di cooperazione composto da interazioni mutevoli, o anche da loro semplici abbozzi, il tutto sostenuto dalla complicità degli individui che ne sono coinvolti in luoghi e momenti specifici". Come si potrà capire, la struttura sociale è speculare alla struttura del potere presente nell'organizzazione e di conseguenza sui governi che, a loro volta, ne assumeranno le tipiche caratteristiche.

Entrando più nei riguardi della tipologia verticale, si può senz'altro notare che, ipoteticamente parlando, se ogni persona che al suo interno avesse accentrato potere, lo avesse esercitato per scopi unicamente rivolti al beneficio degli amministrati, ogni tipologia governativa che ne sarebbe potuta derivare sarebbe stata indubbiamente funzionale. Nella monarchia, ad esempio, se le intenzioni del re avessero univocamente mirato a rendere prospero il suo popolo, tutte le persone a lui sottoposte non avrebbero potuto definirsi "mal amministrate", poiché tutto ciò che avrebbe riguardato il loro interesse sarebbe stato al centro delle decisioni prese dal sovrano. D'altro canto, però, gli interessi del monarca, così come quelli di tutti i successivi accentratori (rappresentanti inclusi), non sempre coincidevano con quelli popolari, poiché per quanto "giusto" potesse essere, questo esercitava le proprie potestà in modo strettamente personale, variabile quindi da persona a persona e da pensiero a pensiero. I danni che, allora, potevano derivare da questa forma di governo erano potenzialmente i più gravi possibili, poiché l'intero potere confluito nelle sue mani veniva plasmato secondo il suo personale obiettivo e secondo le sue univoche volontà.

Così, con lo scopo di limitare maggiormente tali possibili mancanze, l'accentramento totale di potere in un singolo individuo, oltre ad esser suddiviso in competenze (legislativo, esecutivo, giudiziario), venne limitato attraverso la sua spartizione in un numero crescente di individui, in modo tale che la responsabilità dell'operato sociale, ed i conseguenti danni che ne sarebbero potuti derivare sarebbero stati di profondità meno elevata, sia per via di un controllo reciproco tra accentratori, che per il decentramento delle competenze ad essi legate. Un governo costituito da un maggior numero di persone, avrebbe infatti significato l'abbattimento di una sola volontà governante favorendo un accordo tra più pensieri, cosicché maggiore sarebbe stato il numero delle persone tra cui si sarebbe spartita la somma di potere, maggiore sarebbe stata la tutela nei confronti degli amministrati (come se fosse un elemento di controllo).

Tuttavia, anche questo compromesso non costituiva logicamente una vera e propria garanzia di tutela amministrativa per gli eventuali amministrati, poiché ogni persona che avrebbe ricoperto cariche dotate di potere avrebbe potuto agire al di fuori di quelle che sarebbero state le sue uniche mansioni, ed avrebbe potuto perseguire interessi particolari a scapito di quelli collettivi. In altri termini, ogni volta che le persone alienavano il potere da se stesse per conferirlo ad uno o più accentratori, in cambio non ricevevano mai la reale sicurezza che quest'ultimi avrebbero agito curando concretamente i loro affari proprio perché, sia la loro elezione che il loro agire, poggiavano inequivocabilmente sulla completa **buona fede** che gli individui riponevano in loro e nell'intero sistema organizzativo.

Chiunque infatti, in un qualsiasi momento storico, voglia avvallare un governo verticale, vuole teoricamente cedere il proprio potere ad uno o più accentratori, mostrando conseguentemente in lui\loro una piena e deliberata fiducia (motore propulsore di ogni organizzazione fino ad oggi costituita).

Tale atto però, se ben osservato, risulta chiaramente ingiustificato, poiché nella storia delle istituzioni non vi è mai stata alcuna certezza che il suo\loro operato potesse andare realmente a favore degli amministrati. Ciò che quindi si è sempre dimostrato è che tutti coloro incaricati di tali poteri abbiano costantemente abusato dei loro mezzi, arrecando dei danni alla società e facendo percepire alla maggioranza delle persone la necessità che simili errori non si ripresentassero in futuro. Ogni governo verticale si è perciò sempre distinto per un'amministrazione fondata attorno alla fiducia, dalla quale è derivata ogni possibile mancanza arrecata all'intera società, ed in base a cui si sono resi necessari degli elementi atti a sorvegliare l'operato degli accentratori che, nelle loro consuete mansioni, avrebbero potuto agire con una più o meno evidente scorrettezza.

Un simile atteggiamento creò allora il **controllo**, "necessario" per monitorare tutti quegli individui che, dotati di potere, avrebbero potuto ledere gli altri membri del medesimo gruppo. La sua applicazione, in un'ottica amministrativa avvenne anche attraverso l'introduzione di organi specifici incaricati della sorveglianza di ogni persona che avrebbe potuto mostrarsi potenzialmente dannosa per l'intero o parziale corpo sociale nel proprio agire.

Come si potrà facilmente constatare, il suo aumento d'intensità nel corso degli anni indica senz'altro che tutti coloro (o quasi) che abbiano usufruito di potere lo abbiano fatto male od in modo non soddisfacente, non arrecando dei completi benefici e facendo avvertire, come già detto, il bisogno che una tale negativa possibilità non si ripresentasse in futuro. Tuttavia, proprio questo suo aumento nel tempo non corrisposto dall'efficienza che ne sarebbe dovuta derivare, significa forse che continuare su questa strada, ossia ad incrementare l'intensità del controllo, equivarrebbe a perpetrare delle battaglie contro a dei mulini a vento, senza mai risolvere il problema fin nella sua radice, poiché se infatti l'uomo diviene "ladro" nel momento in cui ne ha l'occasione, ne consegue che per eliminare tutti i ladri non si dovranno controllare tutte le persone in maniera sempre più assidua, ma eliminare semplicemente quell'occasione per via della quale vi è possibilità di divenire ladro, spostando necessariamente l'asta su cui si basa l'intera organizzazione un po' più verso un'efficiente malafede anziché su una fallace buona fede, che in questo modo permetterebbe di sviluppare tipologie governative in cui non vi sarebbe bisogno di una continua sorveglianza, per via di una mancata motivazione.

In altre parole, un sistema che necessita di controllo suole unicamente indicare che al suo interno trovano posto delle falle bisognose di contenimento, che nonostante le si tenti di limitare torneranno pur sempre a presentare il loro volto.

Come allora osservò indirettamente Aristotele, la storia mostra che tutte le possibili forme di governo sino ad ora sperimentate si corrompono, poiché basate sull'errore di una, poche o molte persone e suggerendoci che non ne esiste una corretta\rispettosa del potere e dei diritti individuali se edificata su di una struttura verticale, perché da essa sono in grado di generarsi solo forme di governo impositive, fondate sulla buona fede di chi ricopre la carica vertice e che impediscono a chi ne fa parte di rapportarsi liberamente con la sovranità che invece gli appartiene. L'unica possibilità per formulare una società che sia migliore sotto tutti questi profili è rintracciabile nella completa acquisizione di coscienza popolare del meme "potere", dal quale conseguirebbe un totale cambiamento delle meccaniche su cui si basa il rapporto tra questo ed i suoi legittimi proprietari, apportando conseguentemente un radicale cambio strutturale.

Ogni persona infatti, se consapevole del proprio potere, si guarderebbe bene dal cederlo consuetudinariamente o dal farselo "legalmente" rubare, e determinerebbe insieme alle altre una società in cui gli individui non si distinguerebbero mai in guidati e guidatori, bensì in intelligenti esseri umani, liberi ed indipendenti, naturalmente collaborativi per fini comuni, cosicché si possa affermare che mostrare obbedienza all'interno di una struttura verticale non sia chiaramente sinonimo di intelligenza, poiché eseguire senza poter decidere\opinare (come da suo regolamento), col rischio di far ciò con cui si potrebbe essere in disaccordo, corrisponde inesorabilmente ad una gravissima forma di schiavitù.

Inoltre, se l'uomo è realmente il costruttore di tutto ciò che esiste al giorno d'oggi (città, tecnologia, scienza, cultura, [...]), significa allora che ha la capacità di creare, ed in quanto creatore diviene l'artefice di ciò che immagina, poiché realizza quello che di per sé non esiste. Le opere che quindi compone possono richiedere il lavoro di un singolo individuo, mentre altre possono necessitare di un maggiore contributo in termini umani. In base alla grandezza di ciò che vuole realizzare si rendono necessari più consensi e di conseguenza più persone che vi prenderanno parte. Sebbene tuttavia la capacità creativa appartenga ad ogni essere umano, all'interno di una società di tipo verticale tale innata dote non può essere da tutti liberamente esercitata.

Coloro in grado di poterlo fare sono (nelle differenti misure) quelli dotati di potere, poiché muniti di una sua quantità sufficiente per realizzare ciò che verrà dettato dalla loro soggettiva volontà, cosicché tutti quelli che parteciperanno all'edificazione delle loro opere, se volontari e consci, si dimostreranno tanto produttivi quanto volenterosi, mentre in caso contrario sarebbero inesorabilmente costretti da un vincolo oggettivamente equiparabile ad un lavoro forzato. L'uomo allora oggi non è chiaramente l'artefice, bensì un mero esecutore che non cura un proprio progetto (o magari quello che suscita un interesse condiviso), una propria ambizione od un proprio sogno, bensì quello di qualcun altro (rappresentante politico), proprio quello di colui\coloro a cui magari si avrebbe potuto cedere il proprio potere in modo non del tutto "cosciente" (artificializzazione dell'ambiente, manipolazione consensuale).

Come si potrà ben capire, un tipo di struttura che permetta agli individui di rapportarsi liberamente ed in modo attivamente partecipativo nei riguardi di ciò che verrà creato con la forza di tutto il corpo sociale e che restituisca loro la possibilità di scelta in tal frangente, risulta chiaramente doverosa. Di conseguenza, ai fini di un'analisi governativa e da un punto di vista istituzionale, entrare in merito ad una descrizione più approfondita delle forme sopracitate non risulta assolutamente produttivo, anzi relega unicamente l'attenzione degli individui verso un qualcosa di per sé nato sbagliato che non sembra mostrare senso di permanere o di essere trattato in forma differente, poiché anzi di "liberare" gli individui da una visuale distorta dell'organizzazione con cui doversi rapportare, farebbe correre il rischio di smarrirli in qualcosa di ulteriormente deleterio.

Le forme governative precedentemente descritte appartengono infatti ad un mondo dalle connotazioni verticali che, nella sua conformazione, risulta teoricamente erronea fin dalle sua fondamenta. La discussione su cui invece si dovrebbe traslare per affrontare la tematica organizzativa, collimerebbe necessariamente con una base di tipo differente, capace di porsi in modo non schiavistico per l'integrità del corpo sociale.

In altre parole, perché mai si dovrebbe intavolare una discussione sui vari intoppi presenti nelle attuali forme di governo, infognando tutti i relativi pensieri dentro ad una scatola, quando ognuna di queste è logicamente malformata all'inizio della propria struttura?

Non sarebbe forse un'inutile ed ulteriore perdita di tempo?

Struttura Orizzontale

Proseguendo nell'analisi delle tipologie governative, la vista della corruzione caratterizzante la forma democratica spinse il filosofo greco a collocarla in qualità di periodo di passaggio, sfociabile a Suo avviso nelle variabili più radicali: tirannia o **anarchia**.

Contrariamente alla prima, già sufficientemente esaminata, quest'ultima è una concezione politica oltre che ad un modo di essere, basata sull'idea di un ordine fondato sull'autonomia e libertà degli individui, contrapposta ad ogni forma di stato e di governo che si distinguono invece per l'imposizione e l'alienazione del potere nei confronti dei propri membri. In origine la parola, la cui etimologia deriva dal greco "αναρχία" e che può essere tradotta con "senza comando" o "senza governo", veniva usata in senso prevalentemente dispregiativo, rivolto ad indicarne il disordine e la mancanza di armonia, in accordo col suo etimo. Cronologicamente più avanti, quando il filosofo, scrittore e politico britannico William Godwin (1756 – 1836) ne conseguì uno studio più approfondito, si giunse ad una sua nuova interpretazione che la vide in netta contrapposizione con l'ordine governativo costituito, in grado di rivalutarne il significato da negativo a positivo e di attribuirgliene uno differente, che la pose in antitesi al caos selvaggio creato dall'autorità. Lo stesso Pierre Joseph Proudhon, nella prima metà dell'ottocento, ne parlò conferendole lo status e la dignità di una vera e propria forma di convivenza civile:

"L'anarchia è una forma di governo o di costituzione nella quale la coscienza pubblica e privata, formata dallo sviluppo della scienza e del diritto, basta da sola a mantenere l'ordine e a garantire tutte le libertà".

A differenza delle altre forme, questa sembra originarsi dalla completa consapevolezza (o assenza) del meme potere nella popolazione e non prevede quindi in nessun caso la sua alienazione consuetudinaria\forzata dalle persone che lo posseggono. La base su cui infatti poggia riflette una **struttura orizzontale del potere** che, contrariamente a quella verticale, si caratterizza dall'assenza di livelli ed estremi del potere, la cui distribuzione descrive la presenza di gruppi non divisi in organi direttivi ed esecutivi capaci di auto dirigersi senza la necessità di ricevere ordini da parte di strutture superiori, le quali appunto non sussistono. Il cardine di funzionamento è la collaborazione tra le persone, attraverso la quale queste non si identificano in nessun caso come depositarie di poteri maggiori, ma come unità indipendenti la cui reciproca interazione produce l'ordine dotato di potere.

La mancata stratificazione "cetuale" che la distingue semplifica inoltre al minimo necessario la complessità strutturale, cosicché al suo interno questa preveda un solo elemento (e non 3) dotato del medesimo quantitativo di potere, tramite il quale gli individui si rapportano tra loro con una reale uguaglianza formale. Il rapporto diretto che questi stabiliscono con la sovranità diviene dunque mera concausa di una consapevolezza acquisita (di avere pari peso decisionale), grazie alla quale l'amministrazione e la partecipazione all'azione collettiva possono avvenire senza l'ausilio di intermediari (stato).

Lo stesso parallelismo utilizzato precedentemente per spiegare la struttura verticale la dipingerebbe senz'altro come un insieme di abitazioni alte un piano dove le decisioni collettive sarebbero direttamente intraprese dagli stessi abitanti, i quali oltre a ricercare rispettosamente l'unanimità, non cederebbero mai il proprio potere che, al contrario, verrebbe da loro utilizzato con criterio e secondo necessità.

Sebbene tuttavia possa essere in grado di dividere equamente la quantità di responsabilità tra la totalità dei suoi membri, nella sua tipica conformazione sembra presentare anch'essa dei difetti congeniti dovuti ad un'apparente mancanza organizzativa. La dilatazione dei tempi decisionali che ne potrebbe forse derivare renderebbe infatti estremamente faticosa la scelta condivisa da intraprendere, ed il grande numero demografico, congiunto al grado di eterogeneità culturale, svilupperebbero un contesto in cui non sarebbe già presente alcun valido criterio universalmente riconosciuto da tutte le persone che ne farebbero parte, le quali per via della loro diversità derivata da differenti provenienze sociali (ambienti\memi), potrebbero generare incomprensioni di natura conflittuale che, nella loro degenerazione, non ne permetterebbero la piena e soddisfacente applicazione.

Gli strascichi storici che d'altronde si trascina appresso da secoli la fanno apparire come una forma governativa fondata sull'astrazione del quieto vivere, che darebbe vita, nella mente di alcune "maleducate" persone, ad una sorta di protezionismo rivaleggiante tra popoli piuttosto invece che ad un caotico e disordinato insieme di giustizie personali. A discapito tuttavia di quanto possa apparire, la sua passata sperimentazione fu contrariamente testimone di un'efficiente funzionalità, il cui successo fu reso possibile attraverso la condivisione degli stessi intenti, punti di vista e valori sociali osservati dai relativamente pochi membri che la collaudarono e ne usufruirono. Il loro basso numero demografico permise una facile comunicazione tramite la quale i membri stessi furono in grado sia di appianare le proprie divergenze che di stabilire delle chiavi d'osservazione comuni, capaci di originare un gruppo fortemente coeso e sufficientemente organizzato, la cui principale caratteristica, corrispondente ad un'elevata condivisione, fu indice di un indiscusso e superiore grado di civilizzazione.

L'incentivata comunicazione interpersonale, che già in principio non sfuggì alle menti anarchiche, avrebbe quindi costituito il mezzo con cui rendere attuabile un'organizzazione orizzontale, dal cui ulteriore ampliamento sarebbe a sua volta derivato un graduale appianamento degli elementi che, oltre a separare gli uomini, costituivano motivo di continuativa conflittualità.

Così, con la mente rivolta verso fini risolutivi, tali osservazioni fornirono ai grandi pensatori anarchici l'ispirazione sufficiente a guidarli verso una possibile soluzione di quelli che potevano costituire i problemi legati a questa forma di governo, ed armati della sola volontà orientarono la direzione dei propri studi verso la ricerca di un'organizzazione che avrebbe saputo rispondere a pieno ad ogni necessità richiesta per la funzione amministrativa. Il **federalismo integrale** che delinearono, nacque perciò con l'intento di creare "un'infrastruttura" che avrebbe reso applicabile l'anarchia in grande scala e tramite la quale si sarebbe composto un unico ed affiatato organico, inizialmente formato da tanti gruppi autosufficienti capaci di confederarsi, che più avanti nel tempo avrebbero delineato una più espansa società formata nell'insieme da tante micro comunità.

L'elevato scambio comunicativo interno che l'avrebbe poi distinta grazie alla forte compenetrazione culturale, avrebbe inoltre permesso ad ogni singola individualità (o gruppo che vi sarebbe appartenuto) di oltrepassare i confini responsabili di una costrizione ad un ambiente limitato, per renderla\o parte di uno che di volta in volta sarebbe divenuto più grande. Tutti i processi di appianamento delle divergenze che ne sarebbero conseguiti, si sarebbero perciò mostrati capaci di conciliare ogni differenza e di determinare a poco a poco un unico grande popolo all'interno di in un unico grande gruppo, sicuramente caratterizzato da molte confrontabili ed appianabili diversità, ma indubbiamente pervaso da un reciproco rispetto comunemente osservato.

Organizzazioni come questa, proprio come formulò Proudhon, sarebbero state unicamente raggiungibili attraverso la sola "formazione degli individui dallo sviluppo della scienza e del diritto", ossia attraverso la condivisione collettiva di una morale simile e di determinati intenti. In altri termini, attraverso l'educazione impartita ai membri, grazie alla quale si sarebbero creati tutti i presupposti necessari per una chiave d'osservazione condivisa in grado di dirigere l'azione sociale in un'unica direzione e di liberare gli individui per mezzo della graduale sensibilizzazione nei riguardi di un'ottica di convivenza civile.

La conseguente rottura dei ceppi imposti dall'espropriazione del potere personale avrebbe permesso all'uomo di superare le fasi governative "adolescenziali - verticali" in cui un padre severo stabiliva le regole di ogni gioco, per guidarli consapevolmente verso quella "adulta - orizzontale" dove ogni uomo si sarebbe rapportato in modo autonomo con se stesso e con l'intera comunità terrestre.

A differenza di come fu manipolatamente insegnato, i movimenti "simil anarchici", anche se fortemente strumentalizzati ad opera di persone che in realtà non abbracciavano tale ideologia, ma che si servirono dei suoi nobili ed altisonanti ideali con lo scopo di convogliare consenso (come accadde ad esempio nella rivoluzione russa), non hanno mai aspirato a divenire un'avanguardia o ad acquisire un ruolo dirigente nella società. Questi infatti hanno costantemente ritenuto che non potesse esistere nessuno in grado di occuparsi dei propri affari meglio dell'interessato stesso e che quindi altrettanto nessuno avrebbe necessitato di una figura rappresentativa che avrebbe deciso al proprio posto, o di un "filtro" situato tra il sé e la personale sovranità.

Tuttavia, l'estensione di un modello caratterizzato da una simile libertà individuale, sempre come sostenne Proudhon, sarebbe stata applicabile ad un'altra univoca condizione, dipendente a sua volta dall'educazione, che lui stesso definì "l'acquisizione della loro capacità politica" (verosimilmente vicino al concetto dell'odierno meme potere), tramite la quale le persone sul territorio sarebbero effettivamente divenute sia le uniche artefici di ogni profonda trasformazione sociale, che della direzione verso cui la loro vita avrebbe conseguentemente puntato.

Fin dalla sua nascita l'azione anarchica ha perciò sempre mirato alla difesa degli sfruttati appoggiando tutte le rivendicazioni che andavano verso un miglioramento delle condizioni di vita, della libertà e del progresso umano, anziché come oscenamente impartito verso la distruzione di tutto ciò che è bene sotto le mentite spoglie dell'agire nel giusto.

L'ideale su cui poggia non rientra quindi nel tradizionale spettro politico della destra o della sinistra, ma si pone semplicemente come un indice di valori condivisibili da tutti gli uomini, la cui considerazione di libertà è in esso posta come la cosa a loro più preziosa. In questa accezione ogni persona dovrebbe essere capace di organizzare direttamente la propria vita a seconda dei propri desideri, senza invece sottoporsi a vincoli di natura religiosa, morale o legale, cosicché gli cui unici limiti verso i quali avrebbe dovuto fare riferimento sarebbero stati quelli provenienti dalle naturali norme di rispetto autonomamente istituite negli individui in relazione ad un'educazione affinata nel tempo dai membri interni alla comunità.

Come si potrà chiaramente intravedere, le caratteristiche libertarie che la divulgazione del pensiero anarchico ha sempre propugnato generarono degli evidenti conflitti d'interessi con il potere storico consolidato. Coloro che infatti accentravano potere nella struttura verticale (presente parallelamente in altri luoghi) sarebbero rimasti privilegiati fintanto che ne avessero conservato la somma, mentre tutti quelli che sarebbero divenuti gradualmente coscienti del proprio avrebbero aspirato a tornarne in possesso, dividendone conseguentemente la quantità. Tuttavia, per i monopolizzatori frazionarlo avrebbe significato cederne una parte del "proprio" e possederne quindi di meno.

In un'ottica cospirazionista, chi all'epoca ricopriva cariche amministrative fu portato a compiere opere di contrasto ed ostacolamento verso la nuova ideologia, col fine sempre immutato di preservare la propria superiore posizione nei confronti della maggioranza. I forti strumenti di derivazione storica di cui gli accentratori potevano disporre, furono d'altro canto responsabili di una spiccata imparità nella lotta tra le due forme organizzativo\strutturali (verticale ed orizzontale), grazie ai quali fu possibile accantonare in un angolo la "minaccia" anarchica, senza mai però causarne una morte definitiva.

L'influenza infatti che questa esercitò sui vari movimenti nel corso del XIX e XX secolo fu certamente notevole. La sua presenza si rintraccia nelle correnti rivoluzionarie della Comune di Parigi del 1871, della rivoluzione russa del 1917 e della guerra civile spagnola del 1936. Sebbene l'opera di contrasto nei suoi confronti fu costantemente portata avanti tramite l'indottrinamento individuale (od una diffusione di una cultura differente), per mezzo del quale fu possibile educare le persone ad osservarla in qualità di governo "utopico", ossia "non attuabile in nessun luogo", l'esempio del 1936 - 1939 a noi più vicino rappresenta senz'altro un caso in grado di affrancare l'anarchia da questa etichetta "manipolatamente" attribuitagli.

La piena applicazione dell'autogestione sociale avviata dagli stessi "civili" che agirono senza attendere nessun tipo di comando da parte dei loro "capi", caratterizzò la vita spagnola con un'opera di piena collettivizzazione che, nel giro di poco tempo, si espanse a macchia d'olio sulla zona catalana. Il suo impetuoso dilagare fu indice reale dei sentimenti di libertà ed indipendenza che pervadevano gli animi di quegli uomini ormai logori e stufi di un'amministrazione ingiusta e sfruttatrice, della quale infine scorsero l'inutilità. La liberazione che da soli si procurarono, seppur con molti problemi derivati da una mancanza di sperimentazione e a degli scarsi mezzi comunicativi appartenenti a quell'epoca, dimostrò poi che la forma di governo anarchica fu ben più che attuabile, se non addirittura desiderabile.

La sua incisiva introduzione apportò l'immediata abolizione del classismo, della proprietà privata e della moneta, che nel successivo 1937, in un periodo in cui lo storico tedesco Kaminski interrogava se stesso sul rischio che "gli ideali venissero eternamente traditi dalla vita", furono velocemente reintrodotti ad opera del regime dittatoriale comunista, il quale oltre a porre bruscamente fine a tali profondi quesiti e a reintrodurre la struttura verticale, segnò la fine del periodo anarchico all'interno della penisola iberica, evidenziandone infine un declino giunto non per causa di un mancato funzionamento, bensì per via dello scontro con un esercito esterno che la distrusse.

Al di là del suo decorso la spagna libertaria era ormai entrata nella storia, segnando nei cuori delle persone un indelebile ricordo di libertà e giustizia sociale che, nonostante abbia avuto breve durata, tiene tutt'oggi incollati a quell'episodio gli sguardi delle varie generazioni che mai lo dimenticarono. Le constatazioni che da quei giorni le accompagnarono fino ad oggi, divennero poi l'inconfutabile evidenza della piena fattibilità anarchica, che laddove venne applicata fu distrutta da un belligerante, armato ed intollerante potere verticale, mentre dove non si costituì fu accuratamente tradotta in una strumentalizzante demagogia.

A ben vedere il caso spagnolo fu magari reso possibile per via di una forte coesione tra gli elementi del gruppo sociale che, oltre ad essere stato alimentato dalle comuni necessità, da simili intenti e da un'ottica di rispetto reciproco uniformemente percepito, riuscì a dar vita ad un'organizzazione orizzontale, al cui interno era comunque possibile distinguere una disposizione dei membri che agivano sotto l'egida di uno "scambio naturale" sociale. I servizi infatti che questi si garantivano erano generati dalla pubblica condivisione del proprio "saper fare", attraverso il quale ogni persona capace di determinati compiti si disponeva in modo tale da poter apportare i benefici derivanti dalle proprie personali competenze all'intera comunità.

A tal proposito il filosofo austriaco e fondatore dell'antroposofia Rudolf Steiner (1861 - 1925) osserva che nell'immediato dopo prima guerra mondiale, le persone sopravvissute allo scontro, pur trovandosi in un ambiente disastrato e privo di ogni servizio, trovavano naturalmente e con tempi differenti la propria collocazione nella società mentre questa si auto ricostruiva, fornendole servizi tipici individuali rivolti a soddisfare quelli che erano i bisogni comuni. Tale compito non era tuttavia impartito da strutture artificiali appositamente incaricate, ma proveniva semplicemente dalla personale e soggettiva vocazione, la quale, da sola, bastava per permettere al gruppo di amministrarsi in modo autonomo ed autosufficiente.

Quindi, senza che nessuno li comandasse, gli individui stabilivano una rete di interdipendenza alimentata dalla condivisione di ciò che sapevano fare, costituendo una società congenitamente fondata su delle "norme" di convivenza omogeneamente percepite, da tutti naturalmente rispettate ed in loro stessi biologicamente insite. Il senso collettivo di appartenenza ad un unico "organismo" sembrava permettere loro delle movenze ordinate, ed allo stesso tempo tanto efficienti da lasciar presupporre l'esistenza di una struttura naturale "biologicamente programmata" nell'uomo, tramite la quale degli individui civilizzati non avrebbero mostrato tra loro dei comportamenti belligeranti nel caso in cui si fossero trovati in assenza di un ordine superiore, ma avrebbero invece dato vita ad un'organizzazione capace di reagire ad ogni tipo di stimolo e provvedere alla soddisfazione di ogni tipo di pubblica esigenza.

Inoltre, dal punto di vista della filosofia del diritto, l'anarchia si pone in antitesi a tutti i governi basati sul giuspositivismo, ossia su delle leggi artificiali costruite dall'uomo in qualità di legislatore. Il fulcro su cui verte è il rapporto naturale che si stabilisce tra gli individui, che a sua volta costituisce il fondamento da cui trae sostegno ogni interazione sociale e che conseguentemente caratterizza fortemente l'intera aggregazione.

Con ogni possibile deduzione, in accordo con la visione dell'uomo e della vita umana espressa dall'antroposofia Steineriana, lo sforzo da compiere nel frangente della ricerca di una vita più rispettata e più rispettosa è dunque rivolto a realizzare, in ogni settore dell'esperienza (amicizia, lavoro, famiglia, comunità civile, arte e cultura, scienza) il massimo contenuto umano nei rapporti tra gli individui, richiedendo parallelamente lo sviluppo di relazioni sociali meno schematiche, formali o burocratiche possibile. Lo stesso Steiner ammise tuttavia che nel campo della vita di una comunità civile non vi sarebbe potuto essere un completo rigetto delle norme artificiali, poiché la funzionalità che queste avrebbero apportato avrebbe contribuito a determinare un tessuto di regole armonizzanti, essenziale per il mantenimento di un buon equilibrio. La loro funzione avrebbe però unicamente dovuto favorire l'opera di valorizzare ciò che di amichevole, comprensivo e solidale sarebbe potuto nascere dall'animo umano, senza mai, al contrario, dar adito ad apparati rigidi o formali a cui le persone avrebbero dovuto schematicamente adattarsi.

Concludendo, la forma governativa anarchica non riesce ad oggi a soddisfare pienamente le necessità richieste ad un'amministrazione efficiente. Come osservato da Proudhon, questa sarebbe applicabile all'unica condizione che le persone abbiano già una chiave d'osservazione comune, ossia "un'educazione civica" uniformemente riconosciuta, tramite la quale sarebbe possibile la convivenza apparentemente non organizzata. Anche se in epoca odierna tale forma fosse dunque instaurata, la condizione Proudhoniana non sarebbe ovviamente soddisfatta e per giungervi sarebbe necessaria un'organizzazione capace di impartire, con le dovute tempistiche, le basilari norme sociali ad ogni individuo.

Una società unicamente fondata sul buon senso risulta, quindi, ideale per amministrare coloro aventi un concetto simile del rispetto reciproco, ma nel panorama a noi contemporaneo tale insieme di individui risulta invece estremamente raro a causa di una forte frammentazione, cosicché divenga chiaro che una forma di governo derivabile da una struttura orizzontale potrebbe essere applicata (oggi) solamente ad un ristretto numero di elementi aventi un'ottica compatibile, mentre sarebbe probabilmente fallimentare se estesa subito su di una grande scala permeata da fattezze culturali eterogenee.

Sebbene l'anarchia non debba essere intesa come il trampolino di lancio caotico per la legge della giungla, bensì come "l'obiettivo per il proseguimento dell'autonomia, dell'autosufficienza e della piena indipendenza per tutti gli individui nell'attività quotidiana per vivere", il suo utilizzo richiederebbe un'opera incredibilmente elevata di "acculturazione collettiva", cosicché per giungere ad una forma strutturale "migliore" di quelle attuali, ovvero in grado di rispettare tutte le libertà individuali, senza scadere in una completa e disorganizzata degenerazione dell'organico, si rende necessaria una più approfondita comprensione delle strutture sociali, dei modelli partecipativi e di quelli organizzativi.

Obblighi strutturali e partecipativi

In dottrina classica una forma di stato "descrive i rapporti che si stabiliscono tra individuo ed autorità", oppure "la risultante delle influenze e delle correlazioni con cui risultano esercitate tutte le funzioni del diritto". E' un'esposizione al cui interno sono, ad esempio, incluse forme feudali, liberali, fasciste, socialiste, [...]. Diversamente da questa invece una forma governativa è descritta come "la tipologia delle organizzazioni istituzionali relativa alla funzione specifica del diritto di istituzione ed allocazione dei pubblici poteri". Tra di esse perciò si annoverano delle differenti alternative, quali, ad esempio, la monarchia costituzionale, il governo parlamentare nelle sue differenti varianti o ancora quello di tipo presidenziale.

Seppur molto approfondita e documentata, tale descrizione di forma governativa lascia però spazio ad alcune lacune di margine decisamente più ampio, nel senso, appunto, che vi si possono riscontrare mancanze di natura descrittiva. In questa metodologia esplicativa si lasciano infatti scoperte annotazioni e classificazioni che richiederebbero altrettanta minuziosa specificazione, ma che potrebbero, tuttavia, essere considerate se si dovesse magari usufruire di un punto di vista differente e forse di più "semplice", che contempli la forma di governo come il risultato dei tre principali elementi, rispettivamente incarnati in una "struttura", "un'organizzazione" ed "un modello partecipativo", per mezzo delle quali si potrebbero analizzare le varie tipologie di governo per quello che realmente rappresentano, in modo forse più facile, accessibile ed intuitivo.

Per quanto concerne il primo di questi punti si è già data definizione in precedenza, mentre per quanto riguarda le altre due è doveroso pronunciarne una breve descrizione. Si definisce un'organizzazione un insieme di vincoli atti a dare espressione ai poteri individuali in modo ordinato, ovvero capaci di creare degli apparati circuitali in grado di gestire i poteri di ogni persona per la produzione di un'azione complessiva coordinata. Descrive inoltre l'iter logistico delle informazioni interne, assieme alla rete di interdipendenze che si stabilisce tra i vari organi costituiti.

Per quanto riguarda il modello partecipativo, questo delinea le modalità tramite le quali gli individui riescono a rapportarsi con l'intera organizzazione o, per meglio dire, i modi con cui le persone possono interagire con gli apparati costituiti.

Ogni struttura genera quindi precise tipologie organizzative, sopra le quali si appongono differenti modelli partecipativi: si può, infatti, campionariamente osservare che l'odierna società occidentale si fonda su di una struttura verticale, da cui deriva un'organizzazione dentro la quale gli organi\individui dotati di potere stabiliscono sia l'agire sociale che i suoi parametri di funzionamento (per mezzo dell'organo parlamentare), ed al cui interno le persone possono rapportarvisi per via di una partecipazione elettiva indiretta che, in generale, avviene tramite una pubblica votazione dei candidati disponibili.

Entrando in merito alle strutture assunte dalle differenti forme governative, ed osservandole maggiormente nel dettaglio, dovrebbe essere facile notare che entrambe (verticali e orizzontali) presentano certamente dei pregi e dei difetti più o meno condivisibili, ma che sicuramente necessitano di una loro più accurata riflessione al fine di comprendere quale tra di esse si confaccia alle prerogative che un "buon governo" dovrebbe incarnare.

Giusto per dare un breve prologo all'analisi concettuale che deve compiersi e per citare nuovamente l'immensa saggezza che il popolo ellenico ci ha fortunatamente tramandato, si ricordi che il filofoso Platone, (Atene, 428 a.c.\427 a.c. - Atene, 348 a.c.\247 a.c.) con il suo *"Katà Métron" (giusta misura)*, intese sottolineare che in ogni cosa gli estremi non devono assolutamente prendere il sopravvento l'uno sull'altro, bensì devono coesistere in un'ottimale "via di mezzo".

Se affiancato alla disamina che si compie in questo esposto, con tale concetto si vuole principalmente enfatizzare che nessuna delle strutture fino ad ora presentate può chiaramente considerarsi appropriata ai fini di ottenere una forma di governo il più possibile congeniale all'uomo. Entrambe sono e restano frutto di un mondo tanto ideale quanto irrealizzabile che, empiricamente parlando, produce una visibile disarmonia in relazione alla ricerca di un perfettismo ideologico ed assoluto, di per sé chiaramente insostenibile per le esigenze complessive dell'essere umano.

"Il perfettismo", cioè quel sistema che crede possibile il perfetto nelle cose umane e che sacrifica i beni presenti alla immaginata futura perfezione, come diceva il filosofo Antonio Rosmini (1797 – 1855), "è effetto dell'ignoranza". "Egli consiste in un baldanzoso pregiudizio, per quale si giudica dell'umana natura troppo favorevolmente, se ne giudica sopra una pura ipotesi, sopra un postulato che non si può concedere, e con mancanza assoluta di riflessione ai limiti naturali delle cose". Il perfettismo ignora il gran principio della limitazione delle cose e non si rende conto che la società non è composta da "angeli confermati in grazia", quanto piuttosto da "uomini fallibili", dimenticando così che ogni governo "è composto da persone che, essendo uomini, sono tutte fallibili".

Al di là dei molti risvolti filosofici estrapolabili da una simile profonda riflessione, per i nostri fini si può senz'altro ricavare che non risulta del tutto appropriato per un essere imperfetto come l'uomo, adottare un qualsiasi tipo di struttura frutto di un'ideologia nata con l'intento di ricercare utopicamente la perfezione, proprio a causa dell'onnipresente fallibilità che permea l'umanità.

Considerando allora che una società che si fonderà solamente al di sopra di una struttura o dell'altra (verticale\orizzontale) assumerà necessariamente le caratteristiche di quella che ha selezionato, escludendo di conseguenza tutte le altre appartenenti all'esclusa, diviene chiaro che entrambe le strutture debbano trovare un punto d'incontro (la famosa giusta misura) che consenta all'uomo di beneficiare contemporaneamente delle loro insostituibili qualità, senza però contemplarlo né come un disciplinatissimo ingranaggio di un macchinario (verticale), né, tanto meno, come un essere completamente libero e del tutto privo di vincoli (orizzontale).

Per spiegare meglio la composizione di ognuna, nel quadro del potere e nell'ottica fino ad ora presa in esame, può essere forse necessaria una loro mirata e schematica analisi comparativa. Prendendo in considerazione 3 aspetti concettuali relativi ad ognuna di esse, rispettivamente "gerarchia", "efficienza" e "responsabilità", si può sicuramente comprendere quali siano i loro rispettivi vantaggi\svantaggi e quali siano invece i punti verso cui queste possono\debbano essere compenetrate, per il fine indiscutibilmente più elevato di ricavarne una forma decisamente più "convenzionale".

Come si può notare, in una struttura verticale si ha la presenza di una gerarchia ben definita, capace di produrre un efficienza interna massima. Coloro che vi prendono parte devono infatti unicamente obbedire ad un compito preciso e preselezionato da chi si trova nel gradino più elevato, cosicché le scelte e la divisione delle competenze siano visibilmente limitate (nessuno all'infuori di chi comanda le può produrre) ad un'ottica ristretta ed appartenente ad un'unica persona che detiene la quantità maggiore di potere, producendo al contempo una specializzazione del lavoro ben delineata, in grado di indirizzare ordinatamente ed efficacemente l'intera l'azione collettiva. Si veda, ad esempio, come avviene all'interno del corpo militare, dove ciò che il generale ordina viene minuziosamente eseguito da tutti i vari comparti che ne prendono parte, in un arco di tempo decisamente brevissimo. Di conseguenza, la responsabilità della maggioranza degli individui nel sistema equivale allo 0%, poiché tutti coloro che obbediscono sono chiaramente esonerati dall'intraprendere delle scelte al di fuori di quelle contemplate dal compito richiesto e dunque dovranno solamente svolgere le mansioni decise per loro da colui che ricopre la carica più elevata, che ha invece responsabilità pari al 100%.

Contrariamente accade in una struttura orizzontale, dove vi è la completa assenza di un ordine gerarchizzato, in cui ognuno, quindi, conta esattamente come gli altri. L'efficienza interna, è ridotta ai minimi termini, poiché se nessuno\tutti detengono potere, i compiti da svolgere non possono essere selezionati da qualcuno in particolare e la specializzazione\divisione del lavoro non può essere definita se non da un comune accordo\criterio. Si veda a tal riguardo che tutti gli individui, se dotati dello stesso peso decisionale, possono ostacolare l'azione condivisa, mostrando così un'inconcludenza nella selezione della scelta da intraprendere e delineando un'efficienza diametralmente opposta a quella presente in una gerarchia militare. Oltre a questo, le scelte possibili per la risoluzione di una problematica comune sono, d'altro canto, illimitate, poiché chiunque (escludendo la competenza per una soluzione tecnica) con il proprio potere è realmente abilitato a fornirle.

Può capitare che tutti possano pensarla diversamente dagli altri e contando nello stesso identico modo nei riguardi di una scelta condivisa, potrebbe determinarsi un'elevata possibilità di immobilismo decisionale, determinata da prese di posizione differenti nei confronti della possibile azione da intraprendere. La responsabilità pro capite diviene quindi equamente spartita tra il numero totale dei membri nel gruppo, in virtù del fatto che ognuno di loro è completamente libero di scegliere cosa fare e come farlo, facendo dipendere l'intera scelta dall'inaccettabile buon senso individuale od all'affidamento ad un'ottica comune, che non può chiaramente essere data per scontata.

Ricordando che la struttura sociale (e per sua diretta estensione la struttura del potere) non deve assolutamente essere vista come un qualcosa di immobile e deterministico, bensì come un "status" in grado di essere cambiato con la stessa velocità con cui si compiono delle scelte, non sarebbe a tal riguardo, molto più logico estrapolare le caratteristiche "vincenti" da ognuna di esse, in modo tale da determinarne una nuova tipologia del tutto ibrida e decisamente più congeniale?

Partendo infatti dal presupposto che l'osservazione biologica ha permesso nel tempo di conoscere sempre meglio i vari organismi presenti in natura, fino a giungere alle fondamenta con cui questi integralmente si conformano (geni), e l'ingegneria genetica, per mezzo della selezione artificiale dei geni, ha potuto creare differenti forme di vita per via di una loro pianificata commistione, diviene consequenziale che anche la sociologia, dopo un attento studio attinente l'aggregazione umana, possa essere affiancata da un rimaneggiamento degli elementi caratteristici componenti le fondamenta delle interazioni tra individui o, per essere più chiari, di quelle componenti che definiscono l'unità strutturale.

Come si potrà dunque constatare, utilizzando un simile ottica, un possibile punto di compenetrazione tra le due strutture del potere, di per sé tanto specializzate quanto limitate, può produrre ciò che assumerebbe il nome di "**struttura trasversale del potere**" del potere, caratterizzata da un fondamento orizzontale sulla cui superficie trovano spazio "edificazioni" verticali (concetto decontestualizzato, ma analogo a quello della struttura sviluppata in un *social network*). In tale accezione, ogni persona verrebbe considerata parigrada all'altra (e quindi collaborativa) da un punto di vista del potere (orizzontale), ma la produzione "dell'ordine collettivo superiore" potrebbe unicamente avvenire per mezzo di una selezione delle possibili soluzioni, fornite tramite un processo decisionale\elaborativo che premierebbe la sola competizione (verticale).

A differenza di entrambe, la struttura trasversale non contempla né una gerarchia del potere né tanto meno una sua completa ed inconcludente indipendenza, ma si affida invece ad un rapporto di interdipendenza tra 2 parti distinte e coinvolte nel compito decisionale, rispettivamente percettiva - orizzontale e elaborativa\reattiva – verticale.

Le persone non obbediscono a priori ad un qualcuno che sceglie in loro vece e non decidono singolarmente quale sia l'azione condivisa da intraprendere, bensì utilizzano una base di collaborazione per individuare le problematiche appartenenti alla questione sociale, avvalendosi al contempo di strutture competitive rivolte a decretare quali siano le possibili soluzioni\azioni selezionabili. In questo modo le decisioni comuni non sono né impositive né arbitrarie nei confronti degli individui, poiché si mantiene la possibilità di usare il proprio potere in modo senziente ed attivo, potendo scegliere tuttavia solamente le soluzioni provenienti da un ambiente tecnico\selettivo, garante di diversità, confronto e conseguentemente di qualità.

Mentre in una struttura verticale le decisioni provengono da chi detiene potere, il quale vincola tutti all'utilizzo di determinati memi da lui scelti e non necessariamente migliori di altri per dare attuazione ad un'azione collettiva, ed una struttura orizzontale è caratterizzata invece da un esubero di soluzioni ugualmente imperative con cui risolvere le varie problematiche (per cui i memi migliori tra questi potrebbero non venir selezionati ed utilizzati, anche se, nel lungo periodo, emergerebbero ugualmente), nella struttura trasversale si stabilisce un equilibrio che punta a dividere l'utilizzo del proprio potere con le modalità del suo esercizio, in modo tale che chiunque possa dare espressione alla propria volontà, ma solamente per mezzo di una selezione delle diverse soluzioni che mirino ad offrire una varietà di memi concretamente "migliori" con cui risolvere le problematiche sociali. In altre parole, si opera una scissione tra la possibilità di scegliere quale azione sociale intraprendere in modo collaborativo orizzontale, relegando le modalità con cui darvi risoluzione ad un ambiente elaborativo - risolutivo verticale, che non si prefigge l'obiettivo di fornire un'unica interpretazione (unico meme) all'eventuale problematica, ma che presuppone invece un ampio confronto tra le svariate possibilità (più memi) fornite da un ambiente tecnico, beneficiando di una loro efficiente selezione, capace di determinare di volta in volta la migliore possibile.

Riallacciandosi ai 3 precedenti punti di analisi, è possibile notare che il differente concetto di gerarchia introdotto dalla struttura trasversale (interdipendenza tra parte percettiva e parte tecnico\risolutiva), produce sicuramente un'efficienza interna molto elevata, ma chiaramente non la massima possibile, a causa del fatto che le problematiche collettive, così come le loro possibili soluzioni, risultano potenzialmente illimitate da un punto di vista propositivo (chiunque le può proporre), ma contano contemporaneamente di un ordine generato per mezzo di una votazione collettiva che esprime il consenso sociale sia per l'una che per l'altra, determinando in modo plastico e dinamico la differenziazione dei compiti da svolgere. Chiunque, in altri termini, può percepire un'azione collettiva (problema sociale\necessità), ma solamente coloro "competenti" sono in grado di elaborare soluzioni dotate di criterio con cui dare buona reazione alle problematiche percepite. Ogni persona, successivamente, sceglierebbe le differenti soluzioni possibili assieme alle specializzazioni del lavoro ad esse annesse, cosicché ogni problematica possa incarnare realmente il frutto di una percezione sociale e la rispettiva soluzione venga fatta provenire da un ambiente di livello tecnico, in grado di fornire concretamente una risposta efficace quanto dotata di senso specialistico.

Sebbene l'efficienza non sia dunque massimizzata, poiché non vi è alcun ordine impositivo individuale a cui obbedire in minuzioso e passivo silenzio, il benessere reale percepito dal corpo sociale diviene maggiore rispetto a quello verticale, ma minore rispetto a quello apportato da una struttura orizzontale. Le persone infatti non sono rigidamente inserite in un contesto meccanicamente perfetto (gerarchia militare) che punti all'esecuzione del volere di un'unica mente nel periodo di tempo più veloce possibile e nemmeno in uno altamente sconclusionato, dove chiunque possa rappresentare un vincolo insormontabile o faticosamente aggirabile all'intero agire collettivo. Questi, al contrario, si trovano in un sistema che, nonostante tenda da un lato a rallentare la velocità d'esecuzione\reazione rispetto ad una struttura verticale, mostrandosi comunque sia molto più veloce di quello relativo alla struttura orizzontale, compensa dall'altro con il vertiginoso incremento della concretizzazione del volere sociale, in modo tale da fissare il tempo necessario per le decisioni ad un valore verosimilmente "medio", realizzando l'autentico volere collettivo nei limiti di una necessaria selezione tecnica.

Nei confronti della responsabilità interna, si ha chiaramente una spartizione di un 50% verso coloro che votano (tutte le persone sul piano orizzontale) ed un rimanente 50% verso coloro che forniscono le soluzioni (solamente i tecnici sul piano verticale). I primi infatti sceglierebbero liberamente a quale tra le possibili soluzioni dare approvazione, mentre i secondi decreterebbero in modo tecnico e competente come risolvere il problema sociale percepito, anche perché se così non fosse, nessuna proposizione risolutiva sopravvivrebbe all'interno di un ambiente decisamente competitivo (selezione naturale dei memi o legge di mercato).

Spiegare tale struttura attraverso il consueto parallelismo degli edifici (che diverrebbe chiaramente non lineare e perderebbe un po' del suo senso metaforico), significherebbe dire che ogni individuo sarebbe inquilino di una casa alta un piano, ed individuerebbe collaborativamente insieme agli altri compaesani, a quali problematiche dover dare risoluzione. A loro volta, tutti quelli competenti nell'elaborazione, ossia quelli esperti nelle varie discipline, si unirebbero in gruppi d'interesse per decretare delle possibili soluzioni alle determinate percezioni che, successivamente, sarebbero scremate e da tutti selezionate, determinando ogni volta e per ogni problematica un nuovo ordine dotato di potere.

La competitività nella decisione non verrebbe quindi abolita, ma semplicemente traslerebbe il suo effetto dalle persone ai memi che queste apporterebbero, poiché come già osservato, il modo principale con cui questi ultimi si evolvono avviene per mezzo del loro confronto, tramite il quale si distinguono in dominanti e recessivi.

Tale struttura permette quindi non solo di scremare quelli "migliori" da quelli che lo sono meno in un tempo inferiore, ma concede la tangibile possibilità di applicarli per renderli concreti, lasciando libertà d'espressione ed interpretazione ad ogni persona che ne prende parte. Così facendo, la struttura conserverebbe la propria orizzontalità del potere, mentre la verticalità troverebbe ubicazione nella regolazione del piano delle idee con cui dar efficacemente vita all'agire collettivo.

Passando poi all'osservazione del **modello partecipativo**, anche in questo caso si rende doverosa un'analoga riflessione.

La base da cui partire è chiaramente costituita dal modello di votazione, che sembra delineare una ottima fondamenta per la partecipazione sociale alle attività condivise. In linea di principio infatti ogni persona, per mezzo del suo voto, sarebbe abilitata a modificare l'intero sistema, apportando le opportune modifiche da lui percepite nell'ambiente in cui vive, ma nella forma attuale con cui si utilizza, che contribuisce a determinare forme indirette di governo, tale modello si fa carico di tutti i difetti congeniti della struttura su cui è edificata (verticale).

Senza bisogno di ripercorrere minuziosamente i vari procedimenti storici ad esso attinenti, notiamo che dalla sua nascita, la partecipazione attiva delle persone per mezzo del voto individuale subisce una "forzata" proceduralizzazione, avvenuta riassuntivamente dentro al termine "elezione", il quale a sua volta richiama "una scelta od una decisione che il corpo sociale è chiamato ad esprimere nei confronti dei candidati" che, all'interno di forme indirette di governo, dovranno ricoprire le rispettive cariche rappresentative. Sebbene il suo significato etimologico derivi dal latino "eligere", che indica un'elevazione della carica attraverso la votazione, in un sistema indiretto votare significa risolvere in modo pacifico i conflitti tra le persone che sono candidate ad un incarico di tipo pubblico. Considerando quindi la sua accezione più generale, tale procedura determina un metodo di aggregazione delle preferenze individuali, indispensabili allo scopo di giungere ad una scelta collettiva. E' un processo che avviene per mezzo di un procedimento strutturato, attraverso il quale la società perviene alla selezione di un unico corso d'azione vincolante per tutti i suoi membri.

Data la sua palese rilevanza, gli studi intrapresi in questo frangente ricoprono una componente fondamentale all'interno della dottrina politico\istituzionale, che portano, nel corso del tempo, il semplice sistema elettivo a votazione da uno stadio iniziale matematicamente molto semplice, come il mero conteggio e somma delle espressioni individuali, ad altri decisamente più complessi ed articolati, comprendenti nuove formule razionali atte a definire\interpretare in modo "differente" l'espressione del voto collettivo.

Per ovvie ragioni, tra le sue caratteristiche principali, l'elemento maggiormente oggetto di studi e che ha da sempre suscitato maggiore interesse (in relazione al suo "peso") è sempre stata la formula elettorale, intesa come "il meccanismo matematico di trasformazione dei voti in seggi".

Per essere più familiari nei riguardi di ciò di cui si sta parlando, potremmo dire ad esempio che al suo interno rientrano il sistema maggioritario o quello proporzionale: mentre il primo costituisce il cardine per l'adozione di decisioni in una società democratica, crea più spesso maggioranze assolute ed ha la capacità di ridurre la frammentazione sociale, il secondo produce un'immagine più speculare del paese e delinea risultati molto più suddivisi.

Come a questo punto si potrà ben capire, l'elemento da sottolineare in quest'analisi non deve necessariamente orientarsi verso il meccanismo procedurale con cui le persone esprimo il proprio potere, perché in tal caso si discuterebbe unicamente di una mera categoria di indicizzazione matematica, ma deve invece ricadere nel sistema verso cui il modello partecipativo compie riferimento, in virtù del fatto che in relazione ad esso diviene possibile delineare forme partecipative del potere "attive" ed altre invece qualificabili come "passive", cosicché se dovessimo ripercorrere con un occhio molto veloce le varie forme di partecipazione legate ai sistemi che più rilevantemente di altri concedono la presa di parte alle azioni condivise, potremmo constatare che praticamente tutte fino ad oggi hanno imperniato il proprio cardine di funzionamento attorno alla modalità di espressione "passiva".

Tra i moltissimi motivi del suo utilizzo, che spaziano dalle richieste competenze individuali ad altri prettamente più pratici, la sua applicazione può ulteriormente essere vista come la conseguenza di una storica condizione che proponeva degli scarsi mezzi di comunicazione.

Il modello di votazione su grande scala non poté infatti essere "direttamente" esteso all'intera popolazione e si dovette pertanto avvalere dell'utilizzo di "rappresentanti" del potere che, in questo modo, diedero adito ad una figura istituzionale (rappresentante) che nacque da un reale bisogno degli individui. Costoro, appartenendo a piccoli gruppi\borghi disseminati in un grande territorio, necessitavano di essere presenti nel centro decisionale istituzionale con lo scopo di fornire una doverosa visibilità alle loro opinioni. Loro malgrado però, i mezzi dell'epoca non furono assolutamente capaci di sostenere una comunicazione contemporanea con così tante persone e si giunse quindi alla conclusione che sarebbe stato più "conveniente" eleggere un unico individuo con lo scopo di rappresentare i suoi elettori ed agire nel loro interesse, incaricato del solo compito di riportare in parlamento o di rendere concreto ciò che gli abitanti del borgo gli avrebbero impartito. Già da allora il metodo della votazione come modello di partecipazione faceva sì che i membri non fossero capaci di partecipare in prima persona alle attività\problematiche collettive, ed erano invece forzati ad una cessione obbligatoria del proprio potere in favore di terzi, conferendo al tipo di espressione del potere individuale che si andava conformando il nome che tutt'oggi conserva di **forma indiretta - passiva** (visibile ad esempio nella forma democratica indiretta).

Come tuttavia si capì nel tempo, benché sia il modello della votazione che le formule elettorali che si andavano succedendo (col fine "ufficiale" di concedere maggior specularità all'ambiente sociale) fossero di indubbia validità, la soluzione rappresentativa, quella su cui l'intero processo traeva fondamento, non rappresentò mai la soluzione ai passati contrasti con l'istituzione, poiché i nobili, identificati come accentratori di potere e suoi unici beneficiari, non solo non si estinsero in conseguenza ai progressivi cambiamenti governativi, ma divennero oltretutto eleggibili, perpetrando il sistema élitario e consolidando la passività dell'elettorato derivata dalla costante alienazione del potere individuale.

Le persone perciò, non possono essere assolutamente considerate libere di rappresentarsi e rapportarsi tra di loro senza la presenza di intermediari accentratori, a causa del fatto che non sono mai state in grado di esercitare direttamente il proprio potere, ed hanno conseguentemente agito attraverso un'abitudine presente nel rigido ambiente sociale, descritta sicuramente tra le maglie di alcuni memi mai sostituiti e certamente ben occultati ai quali hanno dovuto forzatamente adattarsi.

Il sistema indiretto si pone quindi come paravento dinanzi a tale storica e principale problematica, non sanando in nessun processo storico la questione posta della distribuzione del potere, che di fatto è ancora "legittimatamente" accentrato su pochi individui, né tanto meno mostrandosi capace di un'equa flessibilità nei confronti delle reali esigenze individuali\collettive.

Oltre a questo, in relazione sia all'attuale forma indiretta che al concetto di partecipazione che questa oggi racchiude, è bene notare che per mezzo del suo utilizzo si determinano dei chiari paradossi di tipo logico, poiché attraverso la sua espressione vengono a costituirsi dei "vinti" e dei "vincitori".

Questo, se posto in linea di coerenza con una struttura trasversale, che vede ogni persona come parigrada all'altra da un punto di vista decisionale e dell'espressione del potere individuale, potrebbe sicuramente essere reputato "giusto", se si considera che per attraverso una qualsiasi votazione si potrebbero determinare in qualità di vincitori dei progetti, degli appalti o delle idee da portare avanti in maniera condivisa, mentre diverrebbe profondamente "sbagliato" se coloro che dovessero vincere la gara elettorale dovessero ottenere "legittimamente" la somma dei poteri individuali per un determinato periodo di tempo.

Partendo dal presupposto che una qualsiasi persona che desideri candidarsi per un ruolo istituzionale dovrebbe mostrare un programma od un progetto di ciò che intende realizzare, oltre all'idea con cui questo si potrebbe presentare per tale carica in costui non vi sarebbe nient'altro di interessante per giustificare una concessione pro tempore del potere collettivo nei suoi riguardi e di conseguenza una sua "vincita", poiché tutto il consenso teorico da lui ottenibile sarebbe la mera concausa dell'approvazione raccolta dagli elettori per un suo progetto che, per mezzo dei suoi particolari obiettivi, susciterebbe la condivisione d'interesse necessaria per garantirsi di fronte all'elettorato una sua più elevata visibilità (percezione sociale), spingendolo a votare in suo favore o di colui che lo espone.

Ciò che allora susciterebbe gradimento non sarebbe il candidato in sé per sé (visibile alla stregua di un venditore di prodotti), bensì la percezione collettiva (prodotto da vendere) da questi esposta che, nelle sue intrinseche caratteristiche, incarnerebbe gli elementi giusti per riuscire ad essere inquadrato dagli individui in qualità d'interesse condivisibile. Proprio per questo motivo tuttavia, continuare a concedere delle posizioni gerarchicamente superiori ad un ristretto manipolo di uomini, che in questo modo divengono i vincitori nell'attuale organizzazione verticale, piuttosto invece che estrapolare direttamente le idee che questi vorrebbero apportare, cosicché divengano le concorrenti e vincitrici in una più intelligente organizzazione trasversale (soggettivamente parlando), non costituisce alcun guadagno per l'intero organismo sociale, ma anzi lo divide e lo priva di gran parte della sua capacità di agire.

Il concetto odierno di forma indiretta del modello partecipativo non contribuisce perciò ad aumentare la vita politica degli individui, e non nasce neppure con l'intento di amministrare gli uomini tra loro in ugual modo, poiché si basa sull'ipotesi di considerarli disugualmente da un punto di vista partecipativo\contributivo, allontanandoli da ciò che necessariamente dovrebbe essere per tutti loro di fondamentale rilievo. Nonostante la partecipazione individuale alle attività condivise per mezzo della votazione sia quindi efficiente, le persone che oggi costituiscono lo stato nella loro totalità non prendono mai realmente parte alle scelte dell'organizzazione in cui sono integrate e a cui danno "vita", poiché una volta ceduto il proprio potere rientrano per assurdo (e per regolamento) all'interno di un meccanismo che li esclude dalla possibilità di modificare attivamente la loro realtà. Tale possibilità di modifica non spetta infatti all'intero corpo sociale, ma solamente a coloro che ricoprono cariche dotate di potere (vincitori elettorali nei sistemi verticali), mentre a tutti quelli a cui questo è stato alienato, causando così un allontanamento dalla partecipazione, viene unicamente lasciata la competenza di fornire un supporto poco più che morale, similmente a quanto accade tra dei tifosi di una squadra sportiva ed i suoi giocatori.

Nessun individuo che si trovi ad utilizzare questo modello può perciò reputarsi libero dall'espropriazione del proprio potere e dall'incapacità del suo esercizio, ma deve invece essere cosciente di trovarsi immancabilmente all'interno di una macchinazione che lo rende "legalmente" succube pro tempore del più bravo demagogo, "libero" in altri termini di scegliere ciò che gli verrà meramente proposto, "venduto" o velatamente imposto.

Anche nel caso di un mondo idilliaco abitato da persone buone ed oneste, che senso potrebbe mai avere concedere a qualcuno la possibilità di sbagliare incarnando univocamente la responsabilità di un agire che dovrebbe essere del tutto collettivo? Non si darebbe adito, come empiricamente ben visibile, ad eventuali pretesti o scusanti dei nuovi rappresentanti di dover agire in riparazione delle scelte "sbagliate" intraprese dall'accentratore uscente? Non sarebbe migliore intraprendere direttamente una suddivisione della responsabilità tra la totalità dei membri in modo da non ripresentare in futuro la suddetta occasione che, ad oggi, è diventata una prassi pretestuale? Non sarebbe decisamente più aggradante ed onesto prediligere una completa partecipazione sociale alla policy? Non dovrebbe ogni individuo esprimere attivamente la propria posizione in merito ad una percezione sociale e alle sue conseguenti elaborazioni\reazioni?

Contrariamente alla determinazione di un modello indiretto, che deve le sue caratteristiche all'affiancamento ad una struttura verticale, la **forma diretta - attiva** (visibile, ad esempio, nella forma democratica diretta) è la tipica derivazione di una struttura orizzontale, alla quale si annettono le relative soluzioni alle problematiche sopra descritte.

A differenza della prima, in quest'ultima il potere individuale viene sempre espresso direttamente senza mai essere ceduto, e lo si esercita quindi costantemente in prima persona. In questo caso il voto è realmente in grado di apportare le modifiche all'ambiente in relazione alle percezioni effettive della totalità dei membri nell'organizzazione. In altre parole, tale forma di partecipazione consente a chiunque di esercitare la propria "voce in capitolo" all'interno del gruppo, determinando un'amministrazione parigrada nella quale ogni persona è in grado di rispecchiarsi in modo sicuramente più corretto con l'intera istituzione, permettendo di considerare ogni suo membro in qualità di legislatore.

Tuttavia, sebbene possa apparire ricca di qualità capaci di risolvere molti dei problemi precedentemente citati, anche in questa forma si riscontrano dei lati negativi, poiché il presupposto su cui verte prevede che ogni persona sia tanto coinvolta nell'attività politica quanto competente nella materia discussa. Tutti gli individui diverrebbero perciò responsabili di un'apposizione del proprio voto su di una scelta ipoteticamente "sbagliata", determinata magari a causa di una mancanza di conoscenze tecniche, piuttosto che per carenza di volontà o ancora, per mancanza di tempo con cui affrontare l'eventuale questione presa in esame.

Senza perdersi in ulteriori discussioni "terapeutiche" con cui approfondire la forma diretta da un punto di vista "meccanico", notiamo allora che considerandola allo stesso modo in cui lo sono state le strutture del potere precedentemente trattate, se si volesse usufruire della sua base come punto di partenza per via delle qualità orizzontali da essa detenute, col fine di determinare un modello partecipativo nuovo e maggiormente "congeniale", diverrebbe verosimilmente necessario compenetrare alcuni suoi elementi con quelli provenienti dal modello di derivazione indiretto (verticale).

Partendo infatti dal presupposto che la base fornita dalla partecipazione attiva sia indubbiamente migliore ed equa di quella passiva, per bilanciare tanto l'efficienza della partecipazione nell'organizzazione ed il rispetto del potere individuale nei confronti dell'esercizio collettivo, quanto la competenza richiesta per un agire sociale sensato, il modello partecipativo in questa sua forma, pur costituendo una solida fondamenta per il rispetto nell'attività partecipativa, deve chiaramente integrare la possibilità di delegare qualcuno in rappresentanza di tutti coloro che in ambito d'espressione del potere riscontrano delle arbitrarie impossibilitazioni.

La "**delega rappresentativa**", congiunta ad un esercizio diretto che si vuole delineare, non dovrebbe tuttavia essere vinta per mezzo della mera votazione, allo scopo di utilizzare il potere dei rappresentati per un periodo di tempo regolatamente definito e rendere nuovamente indiretta la partecipazione alle attività condivise, ma dovrebbe invece poter essere concessa\revocata in qualsiasi momento ed in modo cosciente da chiunque la conceda. Il suo fine è anche quello di prevenire la possibilità che nessun voto rimanga inespresso (demarcando una mancanza partecipativa della base sociale), o che si generino altrimenti dei vincoli negli eventuali quorum di approvazione delle proposte, che determinerebbero una sorta di immobilismo nell'eventuale decisione dell'azione condivisa da intraprendere. Inoltre, serve a consentire che qualcuno più competente possa occuparsi in nostra vece di ciò che chiaramente non conosciamo (ma di cui necessariamente siamo interessati), lasciando in tutti i casi la concreta possibilità ad ogni persona di reputare, giudicare o prevenire in modo efficiente l'operato dei propri pseudo-rappresentanti.

In questo senso si viene ad istituire un concetto di delega passiva (e non più attiva come quella attuale), poiché se dovessimo analizzarla in un'ottica funzionale del rispetto della libertà d'espressione del potere individuale, diverrebbe chiaro che tale "carica rappresentativa" dovrebbe necessariamente incarnare la somma dei singoli poteri in essa delegati solamente nel momento in cui i reali possessori non dovessero usufruire personalmente della propria capacità d'esercizio. In altri termini, tutti coloro che dovessero decidere di avvalersi di un rappresentante non sarebbero esonerati dal diritto di voto su di una decisione politica (come oggi accade) e anche nel caso in cui desiderassero di non avvalersene, la loro partecipazione alla vita collettiva non andrebbe perduta, bensì confluirebbe nella preferenza espressa da colui che ricoprirebbe la "carica rappresentativa passiva", soggettivamente e capillarmente selezionata, aumentandone la "forza" (peso politico\decisionale).

Oltre a i benefici più immediati che ne deriverebbero, un simile concetto di delega determinerebbe un sufficiente senso di "insicurezza" nei confronti dei delegati, che non potrebbero quindi accordarsi preventivamente per formare delle "coalizioni" capaci di viziare (come oggi avviene) l'esito delle decisioni sociali, a causa della quantità di potere da loro "sicuramente" detenuta per un determinato e regolamentato periodo di tempo.

In un'ottica di considerazione generale, il passo in avanti che viene fatto, benché tragga composizione da un sistema "ibrido", risulta certamente rilevante e assolutamente non invasivo per gli eterogenei membri del corpo sociale.

Sebbene infatti possa inizialmente apparire una soluzione macchinosa o molto impegnativa nei confronti dell'attenzione degli elettori, per tutti coloro che non intendessero prendere parte alle attività condivise (per le motivazioni precedentemente elencate) tale sistema partecipativo conserverebbe un'invariazione rispetto ai nostri giorni, nel senso che chi non avesse intenzione di esprime la propria voce in capitolo potrebbe chiaramente continuare ad avvalersi di rappresentanti che lo farebbero al loro posto, mentre per tutti quelli che volessero rapportarsi direttamente col proprio potere, si potrebbe determinare un radicale cambiamento rispetto alla possibilità dell'interazione con l'istituzione.

Sostituire allora tale meccanismo partecipativo con quello vigente significherebbe allinearsi alle caratteristiche proposte da una struttura trasversale, e il modello compenetrato che si verrebbe a delineare produrrebbe i connotati di una "**forma semi diretta compenetrata**" (SDC), in cui ogni persona sarebbe capace di interfacciarsi ed esprimersi volontariamente all'interno dell'organizzazione nei riguardi di un progetto condiviso (diretta), lasciando contemporaneamente la libertà soggettiva di essere rappresentati (indiretta) e revocare il mandato di delega nel momento ritenuto più opportuno (magari con un click di mouse), in completa assenza di regole che incentivino l'alienazione pro tempore del potere, piuttosto invece che la necessità di un apposito ed ulteriore organo di controllo.

Compiendo quindi un'osservazione maggiormente relazionata tra i vari modelli partecipativi possiamo ben notare che esistono differenti varianti dalle quali discostarsi: molti stati odierni come ad esempio l'italia utilizzano infatti forme miste di partecipazione nominate "semi dirette", nelle quali si trovano, benché separate ed assolutamente non compenetrate, sia quella indiretta che quella diretta. Sebbene siano presenti entrambe, in relazione ad una doverosa necessità sia di partecipazione individuale che di rappresentatività, quella che tra le due detiene il sopravvento empirico è però praticamente ovunque la forma indiretta, poiché il parlamento (o congresso) che costituisce l'organo decisionale sociale verticale permette ai rappresentanti quivi presenti (verticali\indiretti) di decidere la discrezionalità dell'azione collettiva e partecipativa da esaminare\intraprendere. Questo significa che anche nel caso in cui le persone dovessero utilizzare i vari strumenti diretti per esprimere una loro percezione condivisa (come può esserlo ad esempio il referendum), la discrezionalità dell'azione sociale da intraprendere rimarrebbe comunque sia relegata a coloro eletti tramite il metodo indiretto (rappresentanti), cosicché il volere sociale non divenga assolutamente tutelato a causa del fatto che l'informazione contenente l'espressione popolare passerebbe attraverso un "filtro" munito del quantitativo di potere necessario per decidere se renderla reale o meno.

Al riguardo, basti pensare a quanti referendum siano stati compiuti senza che ricevessero alcuna reazione correlata, o a quante espressioni popolari siano state deliberate e meramente rinchiuse in un cassetto.

Come allora si potrà chiaramente cogliere, anche nel caso in cui si dovessero mantenere le attuali struttura ed organizzazione istituzionale, il modello partecipativo semi diretto compenetrato sarebbe, a differenza di quello unicamente diretto, indiretto o misto, capace di regolare in modo molto più equo sia il rapporto con cui il potere verrebbe detenuto dai rappresentanti, che la quantità di questo da essi amministrata, ed impedirebbe fin dalle sue fondamenta l'ipotetica comparsa di eventuali assetti associativi esclusivisti, poiché non distribuirebbe mai alcuna somma di potere nelle mani di alcun individuo in particolare.

Oltre a questo, ma sempre nei riguardi della partecipazione individuale, è bene ricordare che viviamo in periodo in cui i sistemi elettorali (e quindi le modalità di espressione nelle attività collettive) subiscono continue trasformazioni. Si passa infatti nel corso di pochissimo tempo da modelli fondati unicamente su dei supporti cartacei, ad altri invece basati su dei supporti telematici, in cui i conteggi dei voti attraversano fasi distinte e tra loro separate. Sebbene tali tipologie d'espressione dei poteri individuali siano tanto uniche nel loro genere, quanto innovative nella storia dell'uomo, il loro utilizzo sembra tuttavia presentare delle possibilità tangibili di pericolosi ed occultabili brogli elettorali.

Nonostante la frontiera digitale costituisca sicuramente il frangente verso cui di qui a breve si riformerà in ambito istituzionale (e – government), la modalità di pensiero con cui ci si entrerà influirà decisamente sulle modalità di espressione dei poteri individuali.

Clinton Eugene Curtis, programmatore informatico di thalassee in florida, attualmente candidato per il partito democratico nello stato federale americano, nell'ottobre del 2000 creò un programma appositamente commissionato per falsare il risultato delle elezioni presidenziali statunitensi. Il suo algoritmo, capace di capovolgere il risultato da "51" a "49" per chiunque si avesse voluto ed in qualunque tipo di elezione, avrebbe favorito, secondo indagini accurate, il candidato Tom Feeney, nominato uno dei "20 membri più corrotti del congresso", nelle elezioni tenutesi per l'ohio.

"Nessuno se ne sarebbe mai potuto accorgere" affermò Curtis nella sua deposizione al senato, "perché per farlo si avrebbe dovuto esaminare, passo dopo passo, l'intero codice sorgente, oppure analogamente confrontare i tagliandi elettorali con il numero totale dei voti espressi. Si sono quindi verificate casistiche di candidati che avrebbero dovuto vincere con almeno 10 punti di distacco che invece hanno perso".

Date le sue conoscenze in campo elettorale il programmatore è oramai reputato uno tra i massimi esperti di tali sistemi, ed è infatti coinvolto nelle più disparate indagini in cui sia presunta la possibilità di un eventuale od ipotetico broglio. Tuttavia, nelle sue varie deposizioni si riscontra una costante linea comune in cui tutto sembra portare al fatto che, "dovunque sia stata introdotta la votazione elettronica, gli exit-poll hanno dimostrato la loro inaffidabilità, mentre laddove si è continuato a votare con dei sistemi unicamente cartacei, questi funzionavano correttamente".

"Ogni volta", precisa il programmatore, "che si separa il conteggio dai voti reali, il risultato elettorale può essere manipolato a piacimento". Se ad esempio si hanno 10 voti sulla carta e li si invia elettronicamente a qualcuno che non può più vederli, si può incorrere chiaramente in una loro possibile contraffazione. La semplicità inoltre con cui riuscire a compiere un simile misfatto permette un ulteriore livello di segretezza, poiché per riuscire in tale intento coloro che dovranno esserne informati conteranno di un numero limitato a 4 o 5 persone come massimo. "Eventi analoghi sono accaduti in canada o in messico, ma anche in molti altri stati [...] dove vige un sistema elettorale in cui le persone votano, ma semplicemente non eleggono".

Analizzando poi le varie componenti delle fasi elettorali, possiamo certamente constatare che il problema della specularità del voto con le reali espressioni dei poteri individuali (brogli elettorali) non deriva dalla fallacia a priori presente nei sistemi telematici, bensì dalla separazione che avviene tra la votazione ed il conteggio dei voti. Se le persone appongono la propria delibera adoperando un metodo cartaceo quando invece il conteggio dei voti avviene per mezzo di un sistema telematico, operando in questo modo una traduzione che porta il "segnale" da uno stadio "analogico" ad uno "digitale", si rende fattibile, proprio in quel momento, una manomissione dell'intera elezione.

Proprio a causa del fatto che ci troviamo in un periodo in cui la componente telematica ricopre sempre più velocemente posizioni di rilievo all'interno dei sistemi elettorali, rimediare alle sue mancanze costituisce senz'altro un grande elemento d'interesse. Una simile frode sarebbe quindi irrealizzabile se entrambe le operazioni rimanessero su di un unico piano, rispettivamente o cartaceo o telematico, poiché nel primo caso ogni voto sarebbe controllato manualmente, proprio come accaduto fino a poco tempo fa (dove le possibilità di broglio sarebbero relegate alla qualità di supervisione degli addetti al conteggio), mentre nel secondo, privo di appositi organi di controllo, sarebbe possibile avvalersi di una cronologia delle votazioni individuali, che permetterebbe ad ogni espressione una completa trasparenza ed autoverifica.

Sebbene la possibilità di utilizzare una cronologia dei voti possa sicuramente apparire di veloce soluzione e di facile applicazione, l'unico problema a tal riguardo trova il solo riscontro nel "diritto di segretezza al voto", da tempo dibattuto e decisamente controverso.

Sinteticamente parlando, la sua storia (da un punto di vista dello stato italiano) ha inizio nel 1848 con l'adozione dello Statuto Albertino ed in particolare con l' art. 63, al cui interno si enuncia che: "Le votazioni si fanno per alzata e seduta, per divisione e scrutinio segreto. Quest'ultimo mezzo sarà sempre impiegato per la votazione del complesso di una legge, e per ciò che concerne al personale". Nelle condizioni politiche dell'europa in quel periodo tale articolo ebbe il merito di concedere riparo ai rappresentanti dalle interferenze e dalle pressioni che il re o la corte avrebbero potuto esercitare nei loro confronti. Nel 1910 fu poi la volta dell'introduzione al senato dell'appello nominale, susseguito nel 1939 dall'abolizione dello scrutinio segreto ad opera del governo Mussolini per la camera dei fasci e delle corporazioni. Più avanti ancora, nel dopoguerra, la classe politica democratica adottò nuovamente i regolamenti prefascisti, ma tra i suoi esponenti fece comparsa chi propose l'inserimento nella costituzione di un articolo simile a quello presente nello Statuto Albertino. Un giovane deputato di nome Aldo Moro fece tuttavia presente che lo scrutinio segreto "tende [...] a sottrarre i deputati alla necessaria assunzione di responsabilità di fronte al corpo elettorale per quanto hanno sostenuto e deciso nell'esercizio del loro mandato".

Poiché la Sua posizione fu largamente condivisa dalla maggioranza dei costituenti, lo scrutinio segreto non fu formalmente iscritto nella carta costituzionale, ma divenne nonostante tutto il sistema generalmente adottato all'interno del parlamento. Favorito quindi il fenomeno dei "franchi tiratori", nel 1988, quando molti ritennero che fosse ormai divenuto un fattore di instabilità politica, si giunse ad una nuova riforma che affermò il principio del voto palese, annettendovi però alcune sue eccezioni d'impiego.

Molto brevemente, vediamo che se da un lato tale tipo di votazione permette di non conoscere il modo in cui una data persona (legislatore) ha impiegato la propria espressione, in modo tale che sia impossibile per qualche malintenzionato compiere alcun tipo di minaccia\ricatto, dall'altro però risalta che coloro incaricati del compito decisionale non possono essere corrisposti o rintracciati, poiché le loro posizioni in merito ad una determinata questione politica sono chiaramente coperte da un occultamento legittimato.

Sebbene tali pregi\difetti controbilancino una necessità pressoché imposta di protezione dei parlamentari, costituendo un elemento di "controllo" "necessario" per la loro tutela e la loro serenità in un ambiente potenzialmente "pericoloso", le argomentazioni riportate prendono tuttavia in considerazione solamente l'aspetto attinente alla regolamentazione delle votazioni date dai rappresentanti, e sono dunque tanto calzanti quanto discutibili all'interno di contesti che contemplino la sola struttura verticale. Contrariamente a questa, la struttura trasversale che si va delineando non produce accentratori\livelli del potere e, di conseguenza, non determina un numero di personalità sufficientemente ristretto da poter essere ricattato\manovrato.

Sono inoltre problematiche appartenenti ad un periodo passato, in cui sia il senso del diritto che le possibilità di espressione si caratterizzavano per via di una forte limitazione (basti, ad esempio, pensare al periodo fascista, in cui l'apposizione del voto era praticamente forzata in ogni sua forma), ben differenti invece da quelle presenti nel mondo attuale od in quello che si va costruendo, dove concetti di legalità e libertà d'espressione circolano in qualsiasi paese che si definisca "civilizzato".

La segretezza del voto acquisisce perciò una valenza nuova del tutto avulsa da quella trascorsa, che estende il suo significato alle votazioni dei singoli individui e non più a quelle di coloro che agiscono in loro rappresentanza, facendo giungere una simile tipologia di voto ad un punto di necessaria ed integrale reinterpretazione.

Contemplando infatti un'ottica trasversale che senso potrebbe mai avere apporre il proprio voto senza che a questo corrisponda direttamente la propria persona? Quale significato potrebbe mai incarnare utilizzare il proprio potere senza addossarsi la responsabilità della scelta intrapresa? Se pensare ed esprimersi come meglio si desidera sono ormai nozioni ampiamente sdoganate, perché mai dire la propria o votare come si vuole dovrebbero celarsi dietro un avido segreto? Deliberare occultamente in una società che si proclama "aperta", "democratica" e "pronta al dialogo" non costituirebbe un dannoso paradosso? Non indurrebbe forse, come empiricamente visibile, alla carboneria piuttosto che alla possibilità di manomissione del volere collettivo?

Se in fin dei conti si è ben sicuri delle proprie idee o non si ha niente da nascondere in vista di una non perseguibilità della differenza di opinioni, votare in segreto non equivale ad un immane controsenso? Perché poi dovremmo considerare dei nemici coloro che potrebbero mostrare delle idee differenti dalle nostre? Non costituirebbero invece un incentivo al confronto, col fine senz'altro più elevato di pervenire ad una nuova "verità collettiva"?

Ricordando le parole di John Fitzgerald Kennedy, "la stessa parola segretezza è ripugnante in una società libera ed aperta", vediamo che ancora una volta la segretezza non volge a beneficio reale delle persone, bensì le nasconde dietro ad un velo di insicurezza, di possibile ritorsione, di immaturità e di falsità, rallentando l'appianamento dei pareri divergenti che determinano un prolungamento delle situazioni conflittuali in vista di un loro mancato confronto. La segretezza oggi è tuttavia un solo "diritto positivo" e questo significa che se le persone lo desiderassero ogni loro espressione potrebbe rendersi ben visibile, risolvendo in definitiva la problematica del broglio elettorale presentabile in un sistema telematico (consentendo l'utilizzo di una cronologia dei voti).

Tale tipologia di voto, le cui caratteristiche sono davvero fin troppo importanti per potervisi rinunciare, permetterebbe di usufruire di un costante afflusso di consenso nell'organizzazione, poiché chiunque comodamente seduto a casa e con l'utilizzo di supporto mobile (come un pc, un tablet, un palmare, od uno smartphone), potrebbe usare il proprio potere nel modo per lui più libero ed immediato possibile, in completa serenità e senza nessun tipo di costo gravoso da sostenere, tipico invece dei sistemi cartacei.

Concludendo, si nota che la struttura trasversale sembra in grado di soddisfare i requisiti richiesti per una società consapevole\attiva, capace di utilizzare a pieno le sue specializzazioni, i suoi memi e di rispettare i poteri individuali.

Per quanto riguarda il modello partecipativo, quello che utilizza la votazione semi diretta compenetrata come espressione della partecipazione sociale risulta senz'altro dotato di maggior flessibilità rispetto a quelli su cui invece si fonda. Le uniche "regole" che ad esso si affiancano definiscono pertanto le qualità di un nuovo concetto di rappresentatività, la cui rivisitata figura di "delegato" (al giorno d'oggi molto discussa) punta a costituire un ruolo decisamente più consono sia per l'usufrutto del potere individuale che per la quantità di questo che i vari rappresentanti andranno ad utilizzare.

Per quanto poi concerne le tipologie di espressione della votazione, la soluzione forse migliore sembra corrispondere a quella che supera completamente i limiti imposti dalla segretezza e che perciò posiziona l'intera società in una condizione di massima e completa trasparenza.

Si evidenzia in ultima istanza la mancanza di un'organizzazione "circuitale" che sappia mostrarsi coerente con un'equa amministrazione dei poteri e dei diritti individuali.

La politica d'appalto

Prima di parlare di come debba essere strutturata l'organizzazione è necessario esporre un concetto che esprima la direzione verso cui il cambiamento strutturale e partecipativo fin ora esposto vorrebbe andare a parare. Tale nozione viene sinteticamente presentata per mezzo delle modalità di interpretazione della meccanica politica, del suo conseguente funzionamento e del relativo svolgimento.

Per proseguire nella direzione preposta è tuttavia indispensabile premettere che parlare di "politica" non può essere assolutamente paragonabile al parlare ad esempio di matematica, nel senso che in questo frangente non trova mai posto un linguaggio dogmatico in cui si possano riscontrare delle verità assolute e deducibili. Chiunque voglia infatti parlare di politica sfrutta un proprio pensiero arbitrario basato unicamente su di un fondamento interpretativo appartenente ad una razionalità tipicamente soggettiva. L'unica discussione intavolabile per l'argomento politico non può quindi assolutamente radicarsi su delle verità del tutto assiomatiche, ma risulta invece instaurata sull'utilizzo della logica e del mero buon senso individuale, relazionato alla qualità\quantità dei memi con cui affrontare le differenti tematiche.

Se dovessimo osservare la politica in senso lato, potremmo senz'altro constatare che fino ad oggi si è empiricamente dimostrata essere il mezzo che ha permesso a chi deteneva potere di limitare le libertà degli individui, e di trarre al contempo un privato beneficio a scapito dell'intera organizzazione. Le modalità di come, il chi ed il perché questo sia stato empiricamente possibile sono materia trattata dal "cospirazionismo", oppure indifferentemente dalla parte "ufficiale della storia" (poiché i fatti, benché siano più o meno visibili, sono e rimangono pur sempre accaduti), mentre cosa lo abbia consentito a livello istituzionale è argomento discusso nelle dottrine politico\istituzionali.

Sebbene quest'ultime abbiano cercato e trovato le più disparate soluzioni rivolte a rappezzare tutte le crepe che il muro organizzativo ha sempre determinato, a prescindere dalla loro attuazione nessuna di queste ha mai veramente puntato a proporre un'alternativa al modo con cui organizzare le scelte condivise (iter organizzativo dell'informazione interna). Il loro operato infatti non ha mai offerto una soluzione radicale e concreta, ma si è sempre posto di ricercare un flebile rimedio ad un qualcosa di per sé nato fallato. La situazione attuale è quindi rimasta oggetto di studi che non hanno mai mirato alla determinazione di un vero e proprio cambiamento, ma che hanno invece cercato di rappezzare ciò appariva come "aggiustabile".

Se domani dovessimo resettare l'intero sistema governativo, le dottrine oggi presenti non si dimostrerebbero preparate a tale evenienza, e non consentirebbero perciò di usufruire di organizzazioni differenti da quelle descritte da Aristotele, poiché ripescherebbero semplicemente delle varianti dal medesimo "scatolone", seppur rivedute o ricorrette per l'ennesima volta. Potrebbero forse avvalersi di modelli partecipativi diversi o di regolamenti "nuovi" (probabilmente già presenti, ma praticamente mai utilizzati\divulgati) capaci di tutelare i cittadini, magari in modo migliore, ma senza mai risolvere il problema amministrativo fin dalla sua radice.

Premettendo che la componente malsana della politica (che all'interno della dottrina classica è compiuta tra 2 o più "attori" [...]) dipende dall'uomo e dall'uso che fa dei mezzi a sua disposizione, un'organizzazione più salubre dovrebbe necessariamente porsi l'obiettivo di azzerare la componente negativa umana in questo frangente (attraverso l'eliminazione della famigerata "occasione per cui l'uomo diviene ladro" di cui si è parlato in precedenza).

Inoltre, se un'organizzazione deve nascere con l'unico intento di permettere a tutti gli individui di rapportarsi tra loro attraverso l'uso del proprio potere, in modo equo, rispettoso ed ordinato, ne consegue che questa debba essere considerata come il **"mezzo di produzione"** attraverso il quale si concretizzerebbe il volere sociale.

Di conseguenza, questa deve essere considerata in stretta analogia ad un "circuito elettronico" che, nella sua conformazione metaforica, consente di mettere in comunicazione le differenti componenti sociali e le persone che ne prendono parte, divenendo innegabilmente paragonabile ad una "rete" capace di connettere gli individui al fine di regolarne le interazioni in modo dotato di criterio per risolvere le proprie necessità. Questa quindi non può assolutamente definirsi come un regolamento proteso ad attribuire ingiustificati differenti quantitativi di potere ad un ristretto manipolo di uomini e non può perciò rappresentare una distinzione a priori del corpo sociale in categorie di "comandanti attivi" e di "obbedienti passivi".

Se la politica ha potuto strumentalizzare il pubblico consenso e realizzare opere non protese ad arrecare un costante beneficio collettivo, agendo in modo contrario al presupposto per cui gli uomini si uniscono in un'organizzazione, la colpa non va certo indicata nei cavilli istituzionali, nella correzione dei suoi innumerevoli difetti di dicitura o delle crisi delle rappresentanze, ma dovrebbe magari essere inquadrata nelle meccaniche fondamentali "sbagliate" su cui è edificata l'intera "impalcatura informativa governativa".

Se in teoria la politica dovrebbe svolgere la funzione di intraprendere delle decisioni collettive, oltre a ragionare su chi potrebbe avervi accesso (struttura) ed in che modo (modello partecipativo) sarebbe sicuramente importante discutere del "come", ossia delle modalità e dei procedimenti con cui la società risolve e determina le proprie azioni condivise (iter delle informazioni interne, od organizzazione).

Per quanto riguarda la parte dell'accessibilità politica e delle possibilità d'interazione da parte delle persone, la descrizione della struttura trasversale, assieme a quella del modello partecipativo semi diretto compenetrato, hanno già definito in modo esaustivo le componenti responsabili del vizio politico\decisionale, annettendovi parallelamente le soluzioni rivolte ad un suo possibile risanamento. Per quanto invece concerne la parte rivolta alle modalità organizzative attraverso le quali le decisioni collettive vengono intraprese, si rende necessario esaminare il rapporto che esiste tra le percezioni delle problematiche sociali, l'elaborazione delle relative soluzioni e la loro eventuale selezione.

Cronologicamente parlando si può riscontrare che tutte le decisioni di natura condivisa sono inizialmente discusse da uno o da pochi individui accentratori di potere che, nel decretare quale e come sceglierle, si affidano solamente al loro interesse od al loro inefficiente buon senso personale (guide, faraoni, monarchi), mentre successivamente, in funzione dell'espansione del patrimonio culturale della società, della questione sociale e dei sempre nuovi requisiti che dovevano essere soddisfatti dalle varie amministrazioni, sono vincolati (aristocratici e rappresentanti) ad appoggiarsi in modo sempre più stretto a coloro che detengono memi di tipo tecnico, necessari sia per l'elaborazione che per la realizzazione delle soluzioni dei problemi comuni. Si nota perciò, che a differenza dei secoli addietro, un qualsiasi governo che oggi intenda realizzare un'opera risulta praticamente costretto a dipendere dalle direttive di chi è competente in un campo specialistico, come ad esempio degli economisti, degli ingegneri o dei sociologi, […], che forniscono a chi accentra il potere un contributo senza il quale nessuna reazione efficiente sarebbe verosimilmente possibile. Dato che la componente tecnica e competenziale costituisce la parte indispensabile tramite la quale si realizza una qualsiasi opera, si esplicita allora che intraprendere una decisione per mezzo di un numero limitato di persone che la posseggono determina, oltre ad una possibilità latente di corruzione, una mancanza ed un handicap nei confronti dell'intera organizzazione.

All'interno di una struttura verticale, come da composizione, non solo chi può decidere, ma anche i tecnici a cui questi si affidano (inquadrati nei relativi ministeri) sono numericamente limitati, e le loro possibilità di azione nei confronti delle scelte condivise è decretata da una gerarchia disposta in più livelli che ne circoscrive il campo elaborativo. Per quanto quindi quei pochi possano essere capaci nello svolgere il proprio lavoro, produrranno pur sempre una quantità limitata di soluzioni che, insieme ad un modo strettamente personale di affrontare ed interpretare le varie percezioni della società, andranno a creare un mondo innegabilmente "ristretto" che di conseguenza realizzerà sempre e solo soluzioni relative alle menti di quei pochi.

Da un punto di vista organizzativo risalta poi che chi detiene il monopolio decisionale commissiona arbitrariamente a dei tecnici l'opera che dovrà essere realizzata. Ciò che dunque guida l'elaborazione delle soluzioni non è la percezione sociale, bensì un ordine prodotto da chi accentra il potere che, oltre a rendere esclusiva sia la discrezionalità di quello che deve essere eseguito, che il grado di priorità nei confronti di tutte le altre problematiche, definisce ciò che costituisce un "interesse condivisibile" per l'intera società, ed opina la scelta tecnica senza mostrarne una vera e propria competenza.

Le soluzioni prodotte dispongono inoltre di un'utenza profondamente limitata, poiché chi è capace di elaborarle non si trova realmente nella condizione di apportare cambiamenti e di proporne di differenti, non garantendo una reale competizione tra le varie risoluzioni e di conseguenza una selezione dei memi migliori con cui intraprenderne l'approccio. Contrariamente accadrebbe invece se il numero di coloro messi in condizione di esercitare il compito elaborativo aumentasse in modo organizzato, perché da tale ampliamento deriverebbe sia un incremento della quantità di soluzioni prodotte, che un apporto maggiore di ottiche con cui affrontare le svariate problematiche.

Se oltre a questo i problemi percepiti sono risolti per mano di individui competenti nelle varie categorie tecniche\costruttive a cui vengono commissionate le differenti soluzioni, che senso può forse avere mantenere qualcuno che scelga viziatamente per conto di tutti e che formi un "filtro" tra ciò che è percepito e quello che deve essere realizzato (classe politica)? Non sarebbe molto più efficiente costituire un'organizzazione che elimini direttamente chi rende esclusive le decisioni, favorendo così la circolazione di tutti i confronti tecnici che mirino subito ad una concreta risoluzione delle necessità (in accordo ovviamente con una struttura trasversale)? In altri termini, votare e remunerare direttamente colui\coloro che apportano la soluzione tecnica migliore relativa ad un problema percepito non offrirebbe forse più velocità, più punti di vista, più competitività, più trasparenza, più libertà decisionale per la soluzione alle varie necessità? Non sarebbe più facile e produttivo consentire ad ogni tecnico, da solo o in gruppi, di presentare un progetto rivolto a dare soluzione ad una percezione sociale e lasciare che tutti i relativi interessati vi appongano senzientemente il proprio voto col fine di decretare l'elaborazione vincitrice? Non si potrebbe deliberare direttamente la soluzione più idonea allo stesso modo in cui oggi si scelgono gli appalti?

Usufruendo di una simile organizzazione dell'iter informativo decisionale sociale, mera conseguenza di una struttura trasversale, si produrrebbe quella che potrebbe indicativamente definirsi come una **politica d'appalto**, che riuscirebbe magari a dar vita ad una serie di innovazioni e relative constatazioni: il comparto tecnico\costruttivo conterebbe su tutte le menti possibili del corpo sociale e si troverebbe realmente in un ambiente competitivo non esclusivista, in cui solo la soluzione migliore sarebbe selezionata, con il conseguente requisito da parte di chi lo compone di indaffararsi per produrre delle elaborazioni\reazioni che siano sempre più eccellenti possibile. La presenza di soluzioni differenti in competizione tra loro consentirebbe di individuare i metodi più efficaci con cui rispondere alle contemporanee o future problematiche, ed i memi che le descriverebbero si confronterebbero in modo senz'altro più veloce rispetto al modello attualmente utilizzato.

La politica inoltre diverrebbe sinonimo di "lavoro" discrezionale ed accessibile a tutti, in seguito al fatto che ogni persona competente (tecnica\costruttiva) sarebbe libera di trarre un guadagno dalle proprie capacità allo stesso modo in cui oggi può farlo per mezzo di una qualsiasi professione. Guadagnare in tal senso, significherebbe avviare una vera e propria "impresa" fondata sulla base della propria persona ed essere ricompensati per aver messo le personali conoscenze a disposizione di un cliente per la soluzione di un suo problema. Niente di differente da quel che oggi potrebbe accadere ad un qualunque specialista che decida di intraprendere nel campo del libero professionismo.

Oltre a questo, anche le spese derivate dalla politica subirebbero un completo cambiamento, causato dal loro totale abbattimento, cosicché nessun ministro, nessun portaborse, nessun individuo inutilmente stipendiato sarebbe ancora minimamente necessario. L'ammontare di quell'immane costo tornerebbe allora nelle tasche delle persone nuovamente sovrane, che sarebbero finalmente libere di scegliere se finanziare la realizzazione delle opere con cui abbattere i problemi indotti dalle loro questioni sociali o farne uso differente. Ad ogni modo, qualsiasi membro della società non rientrerebbe più nella categoria dei passivi tassati, mantenitori defraudati di un'intercapedine falsamente rappresentativa, ma sarebbe incluso in quella degli attivi contributori, diversamente caratterizzati dai primi per la possibilità decisionale e dalla conseguente padronanza di modificare il proprio ambiente nel modo più cosciente e privo di vincoli (superflui) possibile.

Se si considera inoltre che la politica si occupa unicamente della risoluzione dei problemi condivisi, si può certamente affermare che questa dipenda soprattutto dalla quantità\qualità di "comunicazione" all'interno dell'organizzazione, ossia dal modo in cui quest'ultima riesce a veicolare e a processare le informazioni al suo interno. Qualsiasi risoluzione sociale proviene infatti necessariamente da una percezione che viene espressa da una qualunque persona o gruppo di esse, a cui successivamente i vari comparti tecnici appongono una soluzione, la quale sarà poi selezionata e più avanti ancora realizzata.

Se dunque l'intero iter risolutivo avviene attraverso la comunicazione tra le varie componenti della società (percettive, tecniche e costruttive), si capisce immediatamente che beneficiare del massimo apporto partecipativo individuale, dell'esclusione di ogni tipo di "filtro" e di un mezzo capace di connettere le varie componenti sociali tra loro, sia chiaramente indispensabile.

Sapendo allora che sulla base di osservazioni empiriche, ogni persona interna ad un sistema, se in connessione con delle altre dentro una spazio limitato (non lineare), giunge in un determinato periodo di tempo e per fini di convivenza a definire un problema comune e a dargli una possibile soluzione, rendere autonoma ed indipendente l'intera società da un punto di vista decisionale significa inequivocabilmente perfezionare la comunicazione tra le varie parti del corpo sociale. Nel momento infatti in cui l'insieme stesso dei membri dovesse beneficiare di un mezzo che li dovesse rendere capaci di comunicare le proprie necessità, di collegare chi può elaborarne una soluzione tecnica, assieme a coloro in grado di concretizzarne una reazione competente, tutti quelli che oggi rendono esclusive le procedure decisionali\elaborative non sarebbero chiaramente più necessari, così come non lo sarebbero tutte le strutture\infrastrutture (annessi ai loro relativi costi\sprechi) che ad oggi li ospitano.

Di conseguenza intraprendendo una simile linea di pensiero non troverebbero più alcun posto aggregazioni di natura partitica, visibili come organizzazioni interne all'organizzazione, che inizialmente aggregano per interesse le varie parti del corpo sociale (dividendole) e successivamente divengono semplici "mezzi" con cui accedere a cariche di potere dalla remunerazione e dal potere innaturale.

Progetti percepiti e bisognosi di approvazione, elaborazione e realizzazione, divengono quindi la nuova e logica direzione verso cui sarebbe forse il caso di inoltrarsi. Nessun candidato, nessuna persona a dover rappresentare gli interessi del corpo sociale, nessun tecnico appositamente delegato pro tempore che possa essere capace di esclusivizzare l'offerta elaborativa, ma unicamente delle necessità da dover essere avvallate, processate e concretizzate con il massimo apporto di personale competente possibile, tramite cui riuscire a garantire quella salubre diversità regolata e scelta da un ordine complessivo dotato di potere.

Definire in conclusione un'organizzazione tanto autosufficiente\funzionale quanto rispettosa, richiede certamente di distinguere e connettere tra loro le 3 fondamentali categorie del corpo sociale, rispettivamente identificate in parte percettiva, parte tecnica e parte costruttiva che, nelle loro reciproche interazioni e votazioni, producono l'ordine in grado di "animare" la struttura trasversale e l'organizzazione stessa.

La sua corretta funzione abbisognerà tuttavia dell'ausilio di un assetto istituzionalizzato esteso a tutti, per mezzo del quale ogni percezione potrà godere delle soluzioni più congeniali e meno basate su di un ingiustificato buon senso, cosicché i benefici derivabili da una politica d'appalto potrebbero concretamente mostrare i loro lati accrescitivi per la soluzione di tutte le problematiche condivise.

Organizzazione Biosociale

Al termine **organicismo** viene generalmente associata una teoria filosofica, politica o sociologica che interpreti il mondo, la natura o la società, in analogia ad un organismo vivente, in diretta contrapposizione alla visione individualistica che, diversamente da questa, considera la società in qualità di un risultato combinato, ma non coordinato e diretto, delle azioni complessive di individui indipendenti. Seppur prive di aspetti rigorosi ed espresse in una forma decisamente più metafisica di quella attuale, le origini del pensiero organicista presentano radici molto profonde. Basandosi dapprima sugli assiomi di natura religiosa\filosofica e sfociando successivamente in sperimentazioni od osservazioni di tipo socio\biologico, l'evoluzione di questo pensiero giunge rapidamente alla compenetrazione con differenti discipline, le quali impattano fortemente sia sugli orizzonti della conoscenza dell'uomo che sul suo modo di comportarsi (nuovi memi).

Ripercorrendone brevemente la storia, vediamo che una sua primordiale teorizzazione la si può riscontrare nel "Rig Veda" dell'India antica risalente al VII secolo a.c., in cui la suddivisione sociale accuratamente distinta in caste poggia su di una spiegazione di tipo organicista. Il primato occidentale va tuttavia assegnato ai filosofi del periodo ellenico quale Aristotele, che partendo dal presupposto dell'uomo come "un animale politico" auspicò che le società naturali (come la famiglia) fossero organi intermedi di un organismo più grande (la polis). Suo presupposto ideologico fondamentale risiedeva nel postulato dell'impossibilità dell individuo isolato, poiché come egli sosteneva solo un dio od una bestia, a differenza dell'uomo, avrebbero potuto vivere separati dai propri simili. L'individuo infatti nasce inerme e la sua sopravvivenza è meramente affidata alle cure parentali, si sviluppa all'interno di una società e cresce grazie ai legami coi propri simili, coni quali collabora e realizza le proprie imprese, fino a quando sopraggiungono vecchiaia o malattia, ottiene da loro aiuto e protezione, relegando l'individuo alla dipendenza dai propri rapporti sociali. Le persone allora non sono di per sé stesse detentrici di diritti, ma lo divengono conseguentemente per grazia della società in cui dimorano.

Platone invece, nei dialoghi del "Timeo" e della "Repubblica", suggerisce una forma di società perfetta strutturata in tre classi, corrispondenti alle tre parti dell'anima che convivono in armonia nell'uomo giusto e saggio, mentre Anassagora (Clazomene, 496 a.c. - Lampsaco, 428 a.c.), in opposizione al meccanicismo atomistico, teorizzava l'esistenza di un Nous (mente) che organizzasse il cosmo risollevandolo dal suo caos originario.

Famosissima è poi la teoria fornita dal magistrato romano Menenio Agrippa Lanato (... - 493 a.c.), nel cui Apologo l'equivalenza tra corpo sociale e corpo umano viene presentata in qualità di reale organizzazione politica, parafrasando così che la collaborazione accompagna la sopravvivenza, mentre una sua mancanza sfocia nel perimento (proprio come avviene per tutti quegli insiemi costituiti da parti tra loro interconnesse ed includendo, in tale accezione, la caratteristica sociologica dei gruppi riguardo il riversamento di collaborazione verso l'interno e di competitività verso l'esterno, già ampiamente espresso nel concetto del Divide et Impera fino ad oggi immancabilmente adoperato).

Cronologicamente più avanti viene il tempo dei teorici medievali, che paragonano le varie classi\funzioni sociali ai singoli organi\apparati presenti nel corpo umano. Tra questi ad esempio si annovera Giovanni di Salisbury che, riprendendo l'Apologo di Agrippa nella sua opera Policraticus del 1159, identificò il capo "dell'organismo sociale" nella figura del principe, il cuore in quella del senato, gli occhi nei giudici e negli altri funzionari, le orecchie e la lingua nei soldati le mani, i fianchi nei consulenti, l'intestino negli ispettori e i piedi nei contadini.

In età rinascimentale giungono poi le opere di Giordano Bruno, Tommaso Campanella, Marsilio Ficino, permeate ovunque dall'idea di una società armonicamente ordinata per mezzo delle diverse funzioni dei suoi "organi". Sempre più preponderante, l'organicismo torna nel 1615 con la visione di Thomas Hobbes, il quale seguendo le espressioni corpuscolaristiche dell'empirismo inglese (riprese da Isaac Newton) lo propone come rimedio per una umanità dominata dall'istinto naturale e dal primigenio, la cui soddisfazione degli egoismi individuali superava già all'epoca la coesione ed il rispetto per i propri simili. Lo "stato assoluto", descritto nella sua più grande opera intitolata Il Leviatano, diviene quindi quella famigerata lente con cui osservare quell'immane "corpo" composto da cittadini (le membra).

Ampliando le sue tematiche ed espandendosi nella filosofia della natura di Schelling, ed in generale delle dottrine degli idealisti come quella di Fichte (Rammenau, 1762 – Berlino, 1814), l'organicismo sposta il suo asse sul nazionalismo, arrivando a considerare intere nazioni come organismi "dotati di vita", ed assumendo connotazioni che per la prima volta ispirano movimenti decisamente consistenti ed autocratici, quali il nazismo ed il fascismo.

Dopo tale periodo, la sua forte contrapposizione al positivismo, congiunta alle innovative rivelazioni derivate dall'avanzamento degli studi biologici, la innalzarono a livello di teoria dominante in biologia, segnando quel frangente come il passaggio da un modello in cui l'essere vivente non viene più considerato come un misero effetto meccanico della somma delle sue parti costituenti, ma come una totalità finalisticamente strutturata.

Per un rapporto più scientifico di tale teoria tuttavia bisogna nel 1700, quando studiosi di sociologia quali Comte e successivamente negli anni Spencer, Durkheim e Pareto, affiancano in modo sempre più esplicito la società ad un organismo vivente, determinando nuove sfaccettature del medesimo studio e producendo quindi differenti interpretazioni delle discipline con cui questo entrava in contatto. Sebbene sia possibile distinguere molte differenti varianti dei filoni di derivazione organicistica è, comunque sia, facile individuarne due forme tra loro sostanzialmente "opposte" e principali: una prima, fondata sulla visione metaforica della società in qualità di organismo, che mutua dalla biologia modelli ed espressioni per comodità di teorizzazione, ed una seconda che sostiene invece l'effettiva "biologicità" della società, concependola come un vero e proprio organismo vivente che agisce secondo le medesime leggi che regolano i corpi biologici.

Da secoli perciò la biologia risulta di indubbio rilievo per un più approfondito studio sociale, e la sua compenetrazione con la disciplina sociologica ha permesso di conseguire una "nuova" prospettiva con cui analizzare l'aggregazione umana. Secondo tale ottica la società diviene paragonabile ad un organismo vivente sviluppatosi ed evolutosi nel tempo, le cui funzioni, seppur molto più specializzate, combaciano con quelle delle loro unità fondamentali.

Tracce più recenti di questa teoria mostrano la società come una composizione di più cellule (le persone), le quali possono essere tra loro più o meno libere ed indipendenti, rimanendo pur sempre in comunicazione le une con le altre per formare un sistema organico (sociale). Ogni membro che vi prende parte è un organismo complesso che insieme agli altri dona "vita" ad sistema ancora più articolato, composto da organi\apparati di vario tipo. Tale "organismo" esegue quindi continue trasformazioni rese necessarie dal mantenimento della sua complessa struttura, dalla sua crescita, dai suoi continui adattamenti e dalle costanti interazioni con l'ambiente circostante attraverso cui avvengono i relativi processi di sviluppo ed evoluzione.

Oltre alle similitudini organiche fino ad ora esposte, la società corrisponde sorprendentemente a tutti punti fondamentali attinenti alla definizione di "vita biologica", rispettivamente distinti in cellularità, complessità, informazione, metabolismo, sviluppo, evoluzione, interazione e riproduzione.

Compiere un'analisi organicistica nei confronti della società comporta quindi una decontestualizzazione delle meccaniche di funzionamento biologico che agiscono negli organismi pluricellulari col fine di paragonarle a quelle di tipo umano, permettendo di garantire un punto saldo di riferimento verso cui orientarsi ai fini di migliorare la procedura informativa interna all'organizzazione amministrativa.

E' bene precisare, tuttavia, che l'organicismo non deve essere interpretato come un'unica verità assiomatica, bensì in qualità di chiave di lettura con cui comprendere delle meccaniche sociali che risulterebbero di difficile analisi se poste in presenza del solo individualismo. L'essere umano è infatti contemplabile in termini di "unità" e mostra delle caratteristiche relative alla propria singola persona, le quali da un punto di vista collettivo assumono un valore diverso da quello individuale, utile al fine di studiare differenti attributi della società. L'organicismo pertanto concede un'ottica semplificata e perfettamente attinente alla realtà, che permette di conoscere quelle leggi macroscopiche difficilmente conoscibili tramite il solo studio "particellare". A ben vedere, tale procedimento si presenta irrimediabilmente in molti altri campi d'osservazione scientifica (quali ad esempio la fisica), dov'è chiaramente possibile scorgere la presenza di variabili "riassuntive" intente a definire dei parametri convenzionali per l'analisi macroscopica. Da un punto di vista "individualistico" vediamo infatti che lo studio di un corpo termodinamico richiederebbe la conoscenza della posizione e della velocità di ogni sua singola particella interna, ma data l'elevata mole relativa al calcolo che si dovrebbe compiere, si richiede l'ausilio di variabili più "generali" capaci di descriverne il comportamento senza un'eccessiva complessità. L'individualismo allo stesso modo riveste un tipo d'analisi microscopica della società che non permette di contemplare una quadro dalla visuale più ampia, dal quale peraltro potrebbero pervenire nuove caratteristiche relative l'aggregazione umana.

Sebbene il ramo della sociologia che più si accosta all'osservazione biologica sia tra i meno esplorati, l'insieme delle considerazioni da esso derivate hanno costantemente apportato vantaggi importantissimi per una maggiore descrizione delle caratteristiche interazionali umane, ed un suo ulteriore approfondimento sembra garantire delle conclusioni di indubbio rilievo nei riguardi degli scopi di descrizione organizzativa da noi preposti.

Se infatti le analogie tra gli organismi viventi e la società sono così tante (sempre crescenti nel tempo in rapporto all'approfondirsi degli studi) e dato che l'uomo è da tempo alla ricerca di un'organizzazione indiscussamente più efficiente di quella attuale, potrebbe essere il caso di osservare che tipo di veicolazione interna delle informazioni è stata selezionata dalla natura per determinare delle "società biologiche" così armonicamente funzionali.

Se in altri termini un essere pluricellulare può essere visto, metaforicamente o meno, come una società di cellule, perché mai non osservare in che modo sono state organizzate le categorie percettive, elaborative, costruttive al suo interno, cercando così di carpirne le meccaniche di funzionamento susseguitesi in milioni di anni d'evoluzione biologica al fine di sfruttarne i principi per organizzare l'umanità intera?

Partendo dal presupposto che ogni tipo di istituzione governativa esistente altro non sia che un meme tramandato e migliorato da generazioni (tra l'altro di efficacia palesemente scarsa), se dovessimo resettare le organizzazioni attuali ed immaginare un sistema completamente nuovo capace di sfruttare a pieno gli strumenti di cui disponiamo attualmente, e che nasca con lo spirito di amministrare 7 miliardi di individui disposti su di un unico pianeta in egual modo, sicuramente perverremo ad una forma completamente avulsa da quella odierna. Per affrontare tale tematica in questa trattazione, prendiamo quindi spunto dall'osservazione della natura.

Procedendo con ordine, nell' organismo biologico si nota subito la minuziosa divisione delle competenze\specializzazioni di ogni struttura di cui è composto, per cui vi sono apparati incaricati di riconoscere uno stimolo, altri capaci di elaborarlo ed altri ancora necessari per darvi un'opportuna reazione. L'iter informativo viene dunque suddiviso in 3 principali componenti\fasi, ognuna delle quali risulta indispensabile per la manifestazione del comportamento o, figurativamente parlando, "dell'agire sociale".

Prima tra tutte la **percezione**, che è definibile come il processo che opera la sintesi dei dati sensoriali in forme dotate di significato. E' un procedimento che ha inizio per mezzo della rilevazione di uno stimolo da parte di strutture specializzate, le quali provvedono a trasformarlo in un impulso che veicolerà fino all'organo di competenza elaborativa attraverso il sistema nervoso. A prescindere dal tipo di specializzazione, ogni struttura è un recettore che trasduce un segnale da una forma ad un'altra, e che trasforma lo stimolo che riceve in un impulso elettrico, la cui ampiezza è logicamente proporzionale all'intensità d'eccitazione a cui il recettore viene sottoposto.

Successivamente le informazioni trasdotte giungono all'organo incaricato dell'**elaborazione** (sistema nervoso centrale), all'interno del quale avviene la loro processazione e traduzione in un ordine di risposta. Una volta ricevute le informazioni (input) queste vengono elaborate dai vari neuroni, (unità fondamentali dell'organo) che, comportandosi come centri d'integrazione, le "interpretano" e producono nel loro insieme un ordine di risposta (output). Tale ordine giunge infine all'apparato incaricato di manifestarla, che eseguirà ciò che gli verrà impartito, e darà vita ad una **reazione** che concretizzerà l'elaborazione precedentemente stabilita.

Ogni fase risponde quindi ad un criterio di derivazione puramente logica, per cui esiste un input, un'elaborazione dei dati ed un output, connesse tra loro per mezzo di un sistema comunicativo altamente efficiente (sistema nervoso\chimico) (Fig. 1).

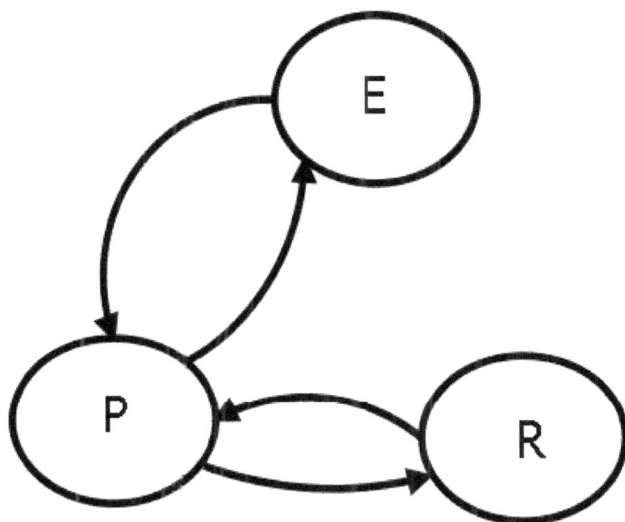

Legenda:
P --> Piano percettivo
E --> Piano Elaborativo
R --> Piano Realizzativo

(Fig. 1) Mappa Organizzativa.

Proseguendo il parallelismo tra società biologica e
società umana osserviamo che nel corpo umano la
funzione percettiva (fase 1) è attribuita a dei recettori
disseminati nell'organismo. Ogni loro percezione
viene inviata al cervello all'interno del quale se ne
svolge l'elaborazione, ed una volta tradotte
nell'ordine di risposta (fase 2) se ne manifesta la

reazione (fase 3) attraverso ad esempio la struttura muscolare.

Analogamente parlando, si potrà constatare che la parte percettiva nel corpo sociale, intesa come quella fase in cui le differenti problematiche vengono "avvertite" dai membri che lo compongono, è chiaramente imputata ad ogni persona che ne prende parte, le quali sono tutte ugualmente in grado di trasmettere le proprie necessità all'organo avente competenza specifica, che successivamente si occupa di stabilire delle soluzioni ad esse relative. Queste poi, sotto forma di ordine dotato di potere, giungono alle relative strutture capaci di darne concretizzazione, come ad esempio delle ditte appaltatrici, incaricate di manifestare il comportamento sociale e di dare origine alla reazione ricevuta.

Utilizzando questo tipo di ottica in qualità di un innovativo strumento d'analisi istituzionale, notiamo che tale tipo di "organizzazione informativa" ha costantemente affiancato qualsiasi tipo di ordinamento conosciuto, indipendentemente dai modelli partecipativi adoperati. Partendo infatti dalle "guide" presenti nelle grandi tribù, che rispondevano con relativa saggezza alle percezioni del gruppo, fino ad arrivare ai sistemi attuali indubbiamente più specializzati, numerosi ed interdipendenti.

Nonostante tuttavia questo assetto organizzativo sia tutt'oggi il fondamento del processo decisionale sociale, si può però constatare che nel suo odierno funzionamento (conformazione), oltre a non riuscire a tener conto dei poteri individuali in modo appropriato, risulta decisamente sconveniente per un governo destinato ad amministrare gli esseri umani, poiché le informazioni da questi percepite, anche nel caso in cui dovessero seguire minuziosamente tale schematico iter e qualora dovessero essere inviate all'organo incaricato di competenza elaborativa in modo corretto, non raggiungono mai veramente una loro piena soddisfazione. Questo ovviamente avviene a causa della vigente struttura verticale e dei filtri, sia decisionali che interpretativi, che questa prevede al suo interno.

Non vi è infatti una reale risposta agli stimoli provenienti dalle "cellule uomo", in virtù del fatto che le decisioni intraprese dall'organo decisionale hanno la reale possibilità di appagare solamente il volere di chi oggi aliena il potere, costituendo un 'gap' ingiustificato tra la percezione delle necessità e la loro elaborazione\reazione. L'intercapedine istituzionale rappresentativa può quindi essere considerata come una disfunzione interna o come un filtro mal funzionante pericolosamente malsano (per via di una mancato rispetto dell'espressione coscienziale\partecipativa collettiva), delineante un quadro assolutamente corretto per una visione organicistica classica (ad oggi empiricamente visibile), in cui la quasi totalità delle persone\cellule uomo che compongono l'organismo sociale non partecipano alle attività condivise, ma semplicemente obbediscono a ciò che viene loro imposto dall'apparato elaborativo "specializzato".

Considerando allora un affiancamento al "sistema governativo biologico" da un punto di vista concomitante alle tesi di derivazione organicistica classica, vediamo che l'intera strutturazione oggi presente si allinea fedelmente alle caratteristiche presentate nelle società pluricellulari: vi è un piena specializzazione dei compiti, per cui nell'organismo trovano posto degli organi\apparati ben definiti che svolgono minuziosamente le loro mansioni in modo settoriale, le cui interazioni\parametri di funzionamento sono regolate\i da un solo "centro nervoso", unico incaricato della produzione di tutti i segnali di reazione. E' un complesso che, come tutti quelli presenti in natura, pone particolare attenzione all'incentivazione di una grande efficienza e di una forte centralizzazione, ma che per sua verticale conformazione, se applicata ad una società umana, non concede la possibilità certa di veder giungere la reazione opportuna alle percezioni correttamente inviate, senza mai concedere ad alcuna "cellula uomo" la possibilità di veder sicuramente risolte le proprie reali necessità.

Tale soluzione potrebbe quindi risultare perfetta (in senso perfettistico) per una società composta da unità fondamentali con un gradiente di coscienza praticamente inesistente (come le cellule biologiche), e che per questo potrebbero inquadrarsi alla stregua di meccanismi in una macchina divinamente congeniata, mentre diverrebbe insostenibile per una collettività dalle connotazioni indiscutibilmente più complesse, i cui membri (cellule uomo) mostrino un quantitativo coscienziale infinitamente maggiore.

A differenza delle "cellule uomo" quelle biologiche non sono così analogamente "semplici", non versano in condizione di dover essere messe d'accordo per collaborare, non sono corrompibili, non hanno ideali da perseguire, non hanno emozioni, non necessitano di politica, di farsi processare, o di "godersi la vita" sopperendo alla propria operosità, [...], anche perché, oltre a non essere in grado di "apprezzarne" le sfumature e a non possedere un libero arbitrio, vivono solamente in funzione di servire l'organismo che nell'insieme costituiscono (o di cui fanno parte).

Il sistema adoperato al loro interno è perciò funzionale a causa del completo ed incondizionato servilismo in cui versano le cellule che lo "utilizzano".

Contrariamente invece all'organizzazione biologica, che differisce diametralmente da tutte queste caratteristiche, in quella umana nessun individuo può essere privato del proprio apporto partecipativo e decisionale, che costituisce il fondamento indispensabile per il rispetto dei poteri soggettivi e della propria libertà (di cui le cellule biologiche non godono), motivo per cui attribuire la mansione elaborativa ad un organo dal numero di "cellule uomo" limitato non risulta una scelta tanto ottimale quanto potrebbe esserlo il consentire ad ogni persona una comunicazione "circuitale" coordinata, appositamente predisposta per la precisa determinazione di un volere collettivo che, a differenza della consuetudine odierna\classica, non comporterebbe un completo asservimento od una cieca ed insensata buona fede nell'ipotetico rappresentante di turno.

Lo schema organicistico classico, che crolla sotto il punto di vista della partecipazione collettiva alle scelte d'interesse sociale, viene chiaramente surclassato nel suo significato più profondo e pone nella sua fase di declino le basi per una nuova interpretazione delle sue tesi, dove l'uomo prima di essere affiancato ad un qualsiasi organo interno\viscerale, e perciò sottoposto ai comandi di un'ipotetica "testa" assolutista, debba essere considerato in qualità di neurone, che esprime una frazione della coscienza totale dell'intero organismo sociale (orizzontalità del potere nella struttura trasversale).

A tal riguardo internet sembra costituire un punto di partenza decisamente importante per l'evoluzione di un simile pensiero, mostrando le caratteristiche adeguate per una ridefinizione dei ruoli umani in rapporto alle nuove tesi organicistiche e a quelle di tipo istituzionale.

"Internet", come sostiene il celebre filosofo e sociologo Edgar Morin, "si compone di innumerevoli interazioni di persone in tutto il pianeta, esattamente come un cervello organico (sistema nervoso centrale) si compone di miliardi di neuroni. Grazie ad esso l'umanità dispone di un sistema cerebrale artificiale, che apporta un'enorme possibilità inaudita in precedenza nella storia dell'uomo, che determinerà sicuramente la nascita di una coscienza planetaria" (Fig. 2).

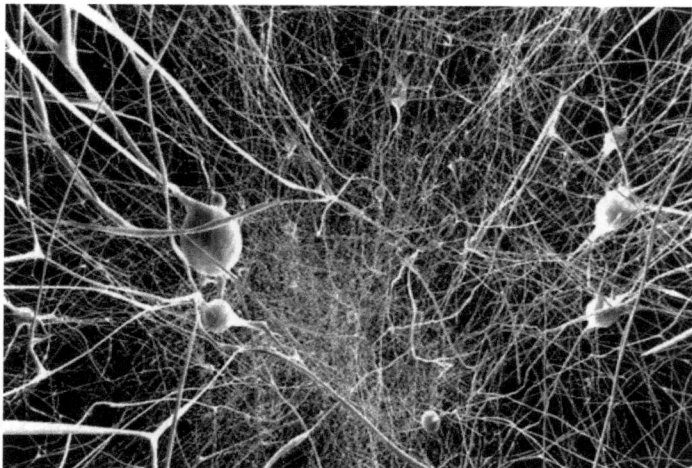

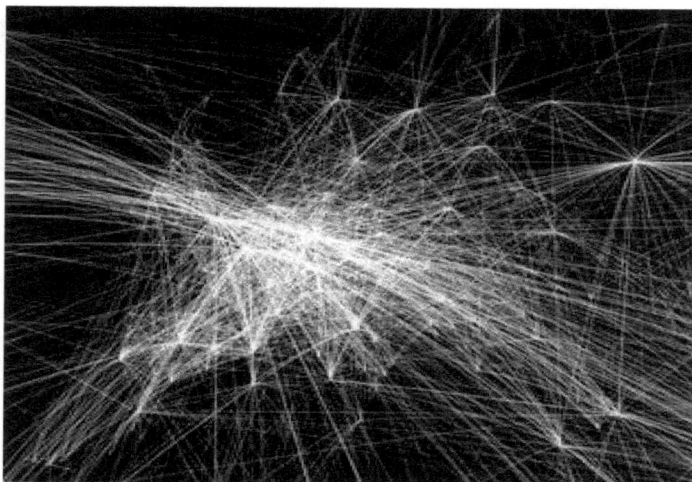

(Fig. 2) Rappresentazione di una mappatura delle connessioni neurali e di quelle istituite in una rete telematica.

La possibilità concreta di usufruire di un mezzo come questo, che tramite un'elevata ed innovativa potenzialità di comunicazione consente di delineare un sistema\apparato decisionale analogo a quello presente nel corpo umano, sembra capace di dar vita ad un "encefalo bio - sociale" interamente composto da persone tra loro interconnesse.

La presenza di questo nuovo mezzo segna dunque la nascita inaspettata di un capitolo completamente nuovo, capace di potenziare e differenziare ulteriormente buona parte delle precedenti credenze teoriche. Non era infatti possibile calcolare gli aspetti relativi ad un organismo sociale, o lo era quantomeno in maniera limitata e differente. Internet ha consentito la straordinaria ridefinizione del quadro organico, per cui ogni individuo non viene più considerato solamente in rapporto ad un'identificazione con un apparato viscerale, bensì anche in relazione a quello di tipo neurale, cosicché non esista più un'ipotetica "testa" distaccata, assolutista e composta da un numero di persone "ristretto" verso cui fare cieco riferimento (attuale parlamento), incaricata delle funzioni più autorevoli ed identificata negli organi istituzionali verticali fino ad oggi presenti, ma si definisca al contrario un nuovo "cervello" che tragga composizione da ogni persona del corpo sociale, in cui possa considerarsi in qualità di "neurone".

Il passo in avanti è stato certamente notevole, poiché se tutti gli apparati fin'ora istituiti coincidevano con organi "fisiologicamente" distinti e composti da un numero definito di "cellule uomo" (basti pensare alle tesi più primitive, quali ad esempio quelle di Menenio Agrippa, di Giovanni di Salisbury o di Thomas Hobbes, in cui ogni insieme di individui risultava suddiviso per mansione\classe sociale, ed era nettamente separato dalla funzione riconosciuta ad organi a cui non apparteneva), il compito elaborativo\decisionale non poteva di certo essere spartito con tutti coloro che non erano riconosciuti come suoi membri. Questi allora erano necessariamente relegati ad un'obbedienza meccanico\passiva nei confronti di un piccolo "centro nervoso" esclusivista della "coscienza", ed espressione solamente di una piccolissima parte della sua somma totale, capace d'incanalare un'elevata quantità di potere e di dare unico sfogo alle proprie espressioni in ambito amministrativo per mezzo di una rappresentanza pressoché imposta ai danni del famigerato "resto del corpo".

L'evoluzione del cervello sociale ci ha inoltre costantemente accompagnati nella storia, incrementando il numero di "cellule uomo" che componevano di volta in volta le varie istituzioni. Partendo infatti dalle forme governative monarchiche, in cui una sola persona (un solo neurone) amministrava un "corpo" primitivo e poco specializzato, si giunge a quelle democratico\parlamentari, dove sia il numero di individui (visibili come neuroni) incaricati di svolgere le mansioni decisionali, assieme alle differenziazioni delle strutture che mano a mano prendevano corpo nella composizione di tale organo (ministeri), divengono maggiormente sviluppati\e.

Seguendo quindi tale andamento di crescita, il passo successivo da compiersi nello sviluppo dell'organismo sociale sembra oggettivamente portare ad un ulteriore incremento delle funzionalità neurali e ad un apparato decisionale incredibilmente più specializzato, in grado di rispondere e di gestire un corpo che oramai sfugge completamente alle obsolete istituzioni oggi presenti.

La realizzazione tempo addietro incalcolabile (se non per termini metafisici) di un "pensiero collettivo", determinabile per mezzo delle interazioni organizzate presenti tra la totalità delle "cellule uomo", troverebbe allora concretizzazione in un ordine dotato di potere (affinato per mezzo di una criteriata comunicazione tra gli individui), producendo ogni tipo di manifestazione comportamentale dell'organismo sociale.

Più specificatamente parlando, viene perciò a delinearsi un'organizzazione visibilmente circuitale che si pone l'obiettivo di "encefalizzare" la totalità delle persone.

Meccanica procedurale

Per darne un'effettiva concretizzazione serve quindi ricercare il modo con cui rendere applicabile tale tipologia organizzativa ispirata dall'osservazione biologica (fasi 1, 2, 3) ad una struttura trasversale del potere con modello partecipativo semi diretto compenetrato che, come visto, soddisfano pienamente i requisiti richiesti ad una forma di governo oggettivamente più rispettosa.

Agire in questa direzione significa ridefinire sia la composizione degli apparati\organi istituzionali interni all'organismo sociale, che le meccaniche attraverso cui questi interagiscono tra loro.

Il suo principale basamento poggia necessariamente su di un sistema telematico (identificabile in qualità di sistema nervoso centrale sociale), attraverso cui diviene possibile mettere in connessione in modo efficace tutti gli individui dei vari apparati\insiemi, e la deducibile base di partenza da cui poterla sviluppare verte sui fondamenti di un *social network* (come "facebook") suddiviso in 3 parti (corrispondenti alle fasi 1, 2, 3), al cui interno ogni insieme di competenza (percettivo, elaborativo, reattivo) possa correttamente interfacciarsi con gli altri.

Procedendo per gradi vediamo di definire la sua conformazione, partendo per motivi di convenzionalità pratica dalla descrizione degli insiemi\apparati (Fig. 3) capaci di sostituire gli attuali singoli organi istituzionali, distinti tra loro per via delle diverse competenze\specializzazioni di cui sono incaricati all'interno della fase decisionale.

Il primo da prendere in considerazione è quello percettivo, la cui mansione è relativa alla funzione di sviluppo delle necessità a cui dover dare elaborazione\risoluzione.

Da un punto di vista prettamente amministrativo la sua composizione deve considerare ogni persona (o rappresentante SDC) in qualità di "organo recettore", capace di far presente all'intera società le varie problematiche verso cui orientare gli sforzi elaborativi.

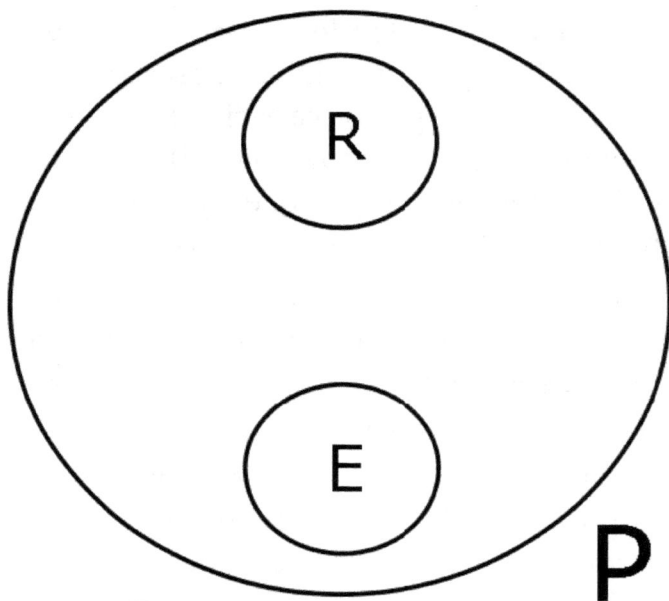

Legenda
P --> Percezione
E --> Elaborazione
R --> Reazione

(Fig. 3) Insiemi organizzativi definiti attraverso la tripartizione sociale.

Qualsiasi individuo presenta infatti un insieme di bisogni, che nel loro complesso costituiscono la questione politica con cui misurarsi in campo amministrativo. A questo insieme pertanto spetta il compito di "trasduzione" delle informazioni dalla loro forma più semplice di percezione individuale ad un'altra più elevata di necessità sociale.

L'insieme successivo rappresenta invece l'apparato capace di ricevere lo stimolo proveniente dai "percettori", di elaborarlo e di produrre un ordine di risposta in accordo con i canoni di una politica d'appalto. E' "l'insieme tecnico" formato da persone competenti nel trovare soluzioni adatte al soddisfacimento delle problematiche derivate dalla questione sociale del piano percettivo. Per definirsi tale, ogni suo membro deve logicamente essere una persona competente in una o più determinate materie, paragonabile ad esempio chi oggi possiede una laurea.

Qualsiasi percezione infatti presenta differenti variabili di cui tenere conto per produrre un'elaborazione efficiente (economiche, ingegneristiche, sociologiche, [...]), che devono essere analizzate da degli specialisti capaci di ricercare delle soluzioni dotate di criterio. Tali individui sono quindi incaricati dell'elaborazione dell'aspetto meramente tecnico (variabile numerica), mentre discostano completamente dal lato umano della soluzione (variabile non numerica).

Il terzo ed ultimo insieme, denominato "insieme reattivo", include infine tutti quelli in grado di concretizzare la soluzione elaborata. In altri termini, coloro che sanno realizzare ciò che l'organismo sociale intende manifestare per mezzo dell'ordine dotato di potere. Analogamente a quelli del comparto elaborativo, anche i membri di questo insieme devono chiaramente presentare competenze relative alla ripartizione sociale di cui prendono parte. Tra questi perciò si annoverano specialisti come falegnami, muratori, meccanici, idraulici, elettricisti, programmatori, [...] (Fig. 3).

Nella prima parte del *social network* avrebbe dunque accesso la totalità del corpo sociale, incaricata della mansione percettiva (fase 1), in cui tutti quelli che vi prendono posto possono inserire le proprie proposte, leggere quelle degli altri od interagirvi per mezzo di una discussione, determinando tramite una loro votazione (o quella dei rappresentanti SDC), il "valore" di consenso che queste raccolgono ("mi piace" o "non mi piace").

Le percezioni infatti si definiscono autonomamente per via di un processo naturale di confronto (criterio di selezione naturale), nascendo inizialmente come semplici discussioni nei riguardi delle problematiche individuali\condivise ed assumendo gradualmente delle forme dotate di significato utile per un'elaborazione successiva (Fig. 4,1 e 4,2).

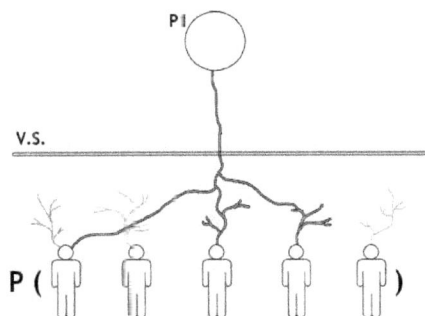

Legenda

P Insieme percettivo
P1 Percezione condivisa
V.S. Valore soglia

(Fig. 4,1) Composizione percezioni sociali.

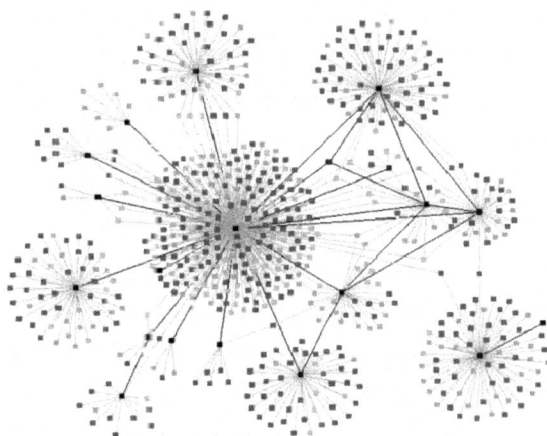

(Fig. 4,2) Strutturazione delle verticalità\orizzontalità degli interessi (comunità) all'interno di un social network.

Uno degli aspetti principali che si riscontra in tale fase è dato dalla scrematura meccanica delle proposte, che risponde al quesito teorico\pratico di selezione delle percezioni a cui dare elaborazione derivato dalla quantità di dati oggettivamente elevata prodotta nella comunicazione tra i membri del corpo sociale. Dato che in questa prima parte tutte le persone sono libere di discutere i problemi che riscontrano nella vita di tutti i giorni (percezioni individuali), deve rendersi necessariamente presente un elemento capace di lasciar "passare" alla seconda parte del social network solamente le informazioni che abbisognano di un'elaborazione e che costituiscono un problema di natura condiviso (percezioni sociali).

Non è in altri termini sostenibile che ogni singola percezione individuale possa giungere all'interno del piano elaboratore, aumentando a dismisura le richieste commissionate ai tecnici, magari superflue, sconclusionate od inutili, congiunte al possibile rischio di arrecare confusione e mescolare tra loro ciò che costituisce interesse privato con quello che rappresenta un interesse pubblico. Esattamente come accade in un organismo biologico, dove i recettori necessari alla percezione si attivano e trasmettono il segnale all'unica condizione che lo stimolo sia sufficientemente intenso, filtrando le informazioni sensibili da quelle che non lo sono, anche per quanto riguarda l'organizzazione sociale deve rendersi presente un "filtro". La sua funzione inoltre è di dare una prima grossolana "composizione" delle informazioni provenienti dalle differenti "cellule uomo", cosicché concretizzandolo, le proposte le cui approvazioni dovessero superare un predeterminato **valore soglia**, avrebbero la "forza" per raggiungere la seconda parte del social network.

Ciò che questo valore rappresenta è un indice numerico stabilito dal numero di voti espressi dalle persone all'interno dell'area interessata dalla proposta, superato il quale quest'ultima incarna l'intensità di gradimento sufficiente per passare alla parte elaborativa. Tale indice è un numero percentuale fisso, determinante il limite che il rapporto del numero di voti ottenuti sul numero delle persone interessate espresso in percentuale deve raggiungere. In altre parole, ogni proposta raccoglie un numero preciso di voti espressi dalle persone da essa interessate, che nel loro insieme costituiscono un intero (100%). Ogni qualvolta una persona od un suo rappresentante SDC appone il proprio voto sopra una determinata proposta, il numero degli individui consenzienti a volervi dare un'elaborazione aumenta di una data percentuale (riferita all'intero dell'elettorato), e quando la somma totale del suo gradimento raggiunge un prestabilito valore sull'intero (valore soglia), si può allora farla procedere nella fase 2.

Tale valore non può però basarsi su di una semplice maggioranza assoluta (50% + 1 voto), poiché non rispecchierebbe il volere di coloro che non si fossero voluti appositamente pronunciare in merito alla proposta, mostrando disapprovazione o disinteresse. Una sua uguale approvazione corrisponderebbe chiaramente sia ad un'imposizione nei loro confronti, che ad una mancata specularità al volere collettivo.

Dato tuttavia che un voto unanime sarebbe molto improbabile, il suo valore potrebbe dunque fissarsi per mezzo di un compromesso, quale quello espresso da una maggioranza qualificata (2/3, 3/5 o 7\10 dei votanti), in modo tale che un numero elevato di persone interessate dalla proposta non subiscano gli effetti di una maggioranza sociale poco più che accentuata.

Tali valori costituiscono chiaramente una preferenza soggettiva nei confronti di altri criteri di maggioranza, ma qualsiasi cifra di quorum venga fissata, purché sappia riflettere una questione di pubblico interesse, potrebbe essere considerata valida. In ogni caso questa rappresenta un dato di "dettaglio" discutibile in un secondo momento, pensiamo in questa descrizione\stesura alla sola e fondamentale meccanica teorica di funzionamento interazionale tra i 3 distinti insiemi istituzionali.

Una volta che si è quindi prodotta una percezione sociale (superando il valore soglia) questa giunge nel piano elaborativo, in cui i tecnici qui presenti ricercano e propongono delle soluzioni ad essa pertinenti.

E' bene precisare che le varie percezioni potrebbero consistere in un numero molto elevato, e che quindi ognuna di queste deve necessariamente affiancare un **valore soglia temporale** capace di regolamentare la "durata in circolo" nell'organizzazione delle proposte (visibile come una condizione di smaltimento delle percezioni superflue).

Questo valore costituisce un periodo di tempo stabilito a priori, entro il quale i membri del corpo sociale interessati dalla percezione detengono la possibilità di apporre il proprio voto (approvativo o negativo) e di determinare l'inizio della procedura elaborativa\reattiva. Al contrario, nel caso in cui questo dovesse essere superato senza il raggiungimento del quorum pertinente al valore soglia, o nel caso in cui prima del suo scadere tutti i voti espressi dovessero rappresentare un parere sufficientemente negativo (ossia quando il numero dei valori negativi apposti sulla percezione non permetterebbe ulteriormente di raggiungere il valore soglia), la proposta in questione scadrebbe e verrebbe eliminata.

Anche tale valore costituisce tuttavia un dato di dettaglio discutibile in un secondo momento, definibile approssimativamente in un valore costante per ogni possibile percezione (come ad esempio 1, 2, 6, 10 mesi), oppure ancora variabile a seconda delle dimensioni delle differenti aree d'interesse (come 2 mesi per le percezioni comunali, 3 mesi per quelle regionali, 4 mesi per quelle nazionali, [...]).

La fase 2 costituisce la parte più "complessa" dell'intera organizzazione, poiché sarà al suo interno che le informazioni contenute nelle percezioni verranno interpretate ed integrate per definire accuratamente la reazione più opportuna.

In accordo col ragionamento già definito in modo schematico nella parte relativa alla politica d'appalto, vediamo che diversamente dallo scenario istituzionale\organicistico attuale, dove ogni area competenziale necessaria per definire delle elaborazioni dotate di criterio risulta del tutto isolata dalle altre all'interno dei rispettivi ministeri (verticalmente strutturati), producendo soluzioni settorializzate, tanto ottimali quanto univoche nella loro proposizione, limitate sia nella componente numerica che in quella temporale, e richiedenti necessariamente la presenza di un "integratore" governativo (di composizione numerica limitata) delle informazioni prodotte da ogni rispettiva area specializzata (che anche per questo incarna un quantitativo di potere decisamente eccessivo), l'organizzazione che si va a delineare punta invece a definire dei gruppi tecnici liberamente commisti di "neuroni uomo" (che assumono il ruolo degli attuali ministeri), sia discrezionalmente settorializzati che eterogeneamente compenetrati dalle differenti aree competenziali, capaci di fornire delle soluzioni ottimali a cui successivamente il corpo sociale da queste coinvolto (che diviene il nuovo "integratore" informativo governativo), apporrà una personale votazione di gradimento, determinando così una "vincita" dei progetti in competizione anziché una delega rappresentativa individuale.

I tecnici quindi non si trovano all'interno di una struttura preformata e definita a priori (ministeri), ma si compongono liberamente in base alle differenti necessità\specializzazioni (come suggerito dalla politica d'appalto), bilanciandosi autonomamente da un punto di vista lavorativo e preintegrando l'informazione percettiva in maniera chiaramente difforme gli uni dagli altri.

Ogni tecnico incluso in un determinato insieme competenziale (fisica, chimica, biologia, sociologia, [...]) risulta dunque assimilabile ad un neurone organico (elaboratore - E) incluso in una precisa regione corticale incaricata di funzioni specifiche.

In natura infatti ogni area (corticale) produce delle elaborazioni tra loro separate che convergono in un unico centro d'integrazione (area associativa \ Percettore - P). Al suo interno si provvede ad originare un segnale di reazione, e si determina una potenzialità complessiva di calcolo sicuramente molto elevata anche se tuttavia di tipo compartimentale\verticale. In tale sistema ogni neurone organico è perciò visibile come parte di un calcolatore che elabora efficientemente dei dati in funzione di un "comandante" detentore di coscienza (o depositario di arbitrio), incaricato di integrare le informazioni provenienti dalla varie aree specializzate e di "decidere" sul da farsi (P) (Fig. 5).

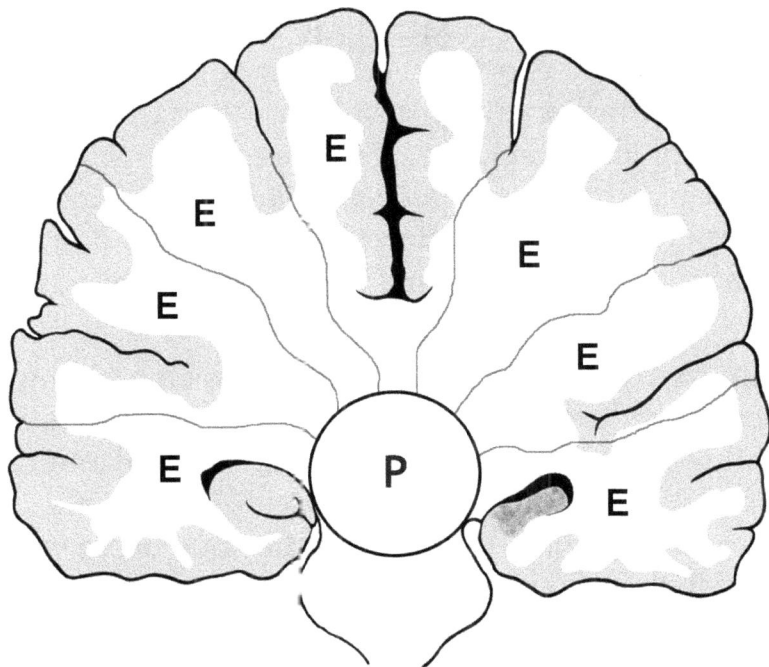

Legenda:

P = area associativa
E = area corticale

(Fig. 5)   Rappresentazione concettuale dell'organizzazione logica delle aree elaborative e associativa.

Dato che la modalità d'integrazione delle informazioni che si verificano al suo interno (nell'area associativa) costituiscono da un lungo periodo un elemento d'interesse per gli studi specialistici del campo neurofisiologico, le indagini compiute in questo settore operano ormai da molto tempo alla ricerca di una loro precisa e minuziosa descrizione.

Capirne le meccaniche di funzionamento permette perciò di tradurre le soluzioni selezionate dalla natura in principi organizzativi utili con cui edificare l'iter dell'elaborazione sociale, e di identificare una procedura attraverso cui l'informazione possa essere trasformata da una semplice ed iniziale percezione ad una articolata e finale reazione.

Giusto per mostrare la pertinenza attinente l'argomento associativo notiamo che, come viene mostrato dal neurofisiologo e studioso della conduzione nervosa Charles Scott Sherrington (Islington, Londra, 27 novembre 1857 – Eastbourne, Sussex, 4 marzo 1952), uno dei principali problemi di derivazione fisiologica attinenti lo studio della corteccia cerebrale è da sempre quello di comprendere se una funzione corticale, quale ad esempio la percezione, dipenda dalla convergenza in un'area corticale (o in una colonna o in un neurone) delle informazioni originate da diversi canali sensoriali attraverso specifiche vie, o se al contrario essa sia il risultato dell'interazione tra le diverse regioni corticali. Parafrasandola, tale storica questione potrebbe essere posta nei termini d'identificare l'integrazione corticale in qualità del risultato di una democrazia tra le varie aree o come piuttosto il prodotto di un assetto rigidamente gerarchizzato.

A prescindere dalla loro democraticità o meno, ogni studio intrapreso verso questa direzione sembra tuttavia concordare sul fatto che la "mansione decisionale" sia in ogni caso relegata ad una precisa parte del cervello che ne esclusivizza la competenza (che è per l'appunto l'area associativa).

Di conseguenza una siffatta organizzazione informativa riflette specularmente l'assetto istituzionale presente negli ordinamenti attuali, i quali in tale accezione mostrano analoghe differenti aree ministeriali\corticali incaricate di processare informazioni specifiche. Una volta elaborate, quest'ultime giungono al cospetto del parlamento (area associativa sociale odierna), al cui interno avviene la loro integrazione, valutazione, approvazione, rifiuto od ordine di modifica.

Sotto questo profilo il modello vigente sembrerebbe dunque rispondere fedelmente alle differenziazioni presenti negli organismi biologici, ma a causa della sua attuale conformazione questa rimane ancora immancabilmente associabile ad una forma d'ispirazione organicistica classica, non risultando perciò valida per una sua applicazione ad una società trasversale di tipo umano. Dando infatti per scontata sia la composizione di tale struttura che la nuova visuale organicistica di riferimento, l'integrazione dell'informazione a livello istituzionale non può essere chiaramente attribuita ad un ristretto manipolo di uomini (che all'interno degli odierni governi rivestono il ruolo del "comandante" precedentemente citato) detentori di un cosi grande\verticalizzato potere, ma deve essere necessariamente assegnata alla totalità delle "cellule uomo" (percettori - P), tutte ugualmente abilitate (perché munite dello stesso potere in una struttura trasversale) alla decisione del segnale di risposta da inviare all'apparato reattivo, tutte analogamente frazionarie della coscienza collettiva dell'organismo sociale ed indistintamente indispensabili per una sua completa quanto arbitraria manifestazione comportamentale.

Non detenendo quindi le caratteristiche necessarie per collimare con questi canoni fondamentali, il parlamento attuale (quello che oggi rappresenta la testa dell'organismo sociale) è costretto a traslare le sue funzioni a tutte quelle persone interessate\coinvolte dalle varie percezioni che, ricevute le differenti ipotetiche soluzioni dai gruppi di tecnici, provvederanno ad integrarle con la propria libera espressione sovrana.

Provando ad essere più precisi nella descrizione di funzionamento dell'intera meccanica e procedendo per gradi, vediamo che l'informazione contenuta nelle percezioni, prima d'intraprendere il processo integrativo, necessita di un'elaborazione interpretativa per una corretta funzionalità dell'intero sistema decisionale.

Biologica o meno, l'integrazione abbisogna di un tipo d'informazione già accuratamente scremata ed elaborata e di strutture appositamente adibite per una loro specifica processazione, senza le quali nessuna integrazione\soluzione successiva può definirsi "valida".

Se paradossalmente dalle percezioni si giungesse direttamente ad una loro integrazione si potrebbe valutare che ogni informazione in queste contenuta, classificabile come "primitiva", verrebbe relegata ad un'interpretazione operata anche da coloro non in grado di applicare dei memi efficaci per la produzione di una soluzione criteriata o, per meglio dire, da cellule di tipo non appositamente specializzato.

Le soluzioni da queste fornite non sarebbero di conseguenza né sicuramente né sufficientemente pertinenti da un punto di vista tecnico\efficienziale, bensì sarebbero tanto sconclusionate quanto prive di senso, in virtù del fatto che se chiunque fosse abilitato ad una loro elaborazione il livello di qualità che queste andrebbero a raggiungere non potrebbe garantire un lavoro di tipo ottimale sotto un'ottica della competenza. In un organismo biologico si determinerebbero quindi delle disfunzioni comportamentali, mentre in uno sociale si presenterebbero delle ipotetiche soluzioni senza una competente logica risolutiva.

Non a caso in un cervello organico, prima di essere integrata, l'informazione percettiva passa all'interno di precise aree che la elaborano finemente\selettivamente, filtrandola mano a mano nelle aree di livello superiori e "presentandole" nel modo migliore possibile al cospetto di quella associativa che, una volta presa la "decisione", invia gli opportuni segnali di risposta alle corrette destinazioni.

Nel momento perciò in cui tali strutture dovessero mancare, i dati percettivi rimarrebbero privi di "significato" e sarebbero chiaramente inutilizzabili. Se ad esempio l'occhio umano dovesse ricevere dei dati attinenti il mondo circostante, ma l'area del cervello incaricata di comporre con esse un'immagine non dovesse essere funzionante, queste informazioni non sarebbero usufruibili per l'intero organo, poiché giungerebbero nell'area associativa (nei casi in cui vi dovesse ancora essere un passaggio di informazioni) in una forma non processata e dunque inadoperabile (situazione paragonabile ad avere un file di dati senza possedere il software necessario per interpretarlo correttamente).

Sebbene tuttavia le varie "aree corticali sociali" risultino necessarie ai fini di garantire una processazione pertinente alle differenti percezioni, nella loro odierna conformazione non sembrano mostrare caratteristiche concordanti né con i canoni di una struttura trasversale, né con quelli attinenti ad una politica d'appalto.

Dato infatti che parte della funzione sensoriale viene già parzialmente inclusa nella fase di scrematura meccanica delle proposte, le quali prima di filtrare nella fase elaborativa subiscono un processo di definizione ottimalizzante della proposta operata per mezzo della comunicazione tra le varie "cellule uomo", che ne determinano una forma sensatamente articolata (passando dall'iniziale percezione individuale alla successiva percezione sociale), seguendo i canoni a cui si deve dare soddisfazione vediamo che la parte riguardante la loro elaborazione ed interpretazione deve essere relegata a delle strutture specializzate per tale apposito compito, incarnate come in natura da dei **gruppi tecnici** (visibili come aziende) composti da differenti quantitativi di "neuroni uomo" (che nelle loro tipiche specializzazioni incarnerebbero la funzione che avrebbe il software di interpretare correttamente i dati contenuti nel file).

Come accade per le aree di un cervello organico, la funzione integrativa processa informazioni già accuratamente raffinate, ottenute per mezzo di un lavoro congiunto tra le differenti regioni tecnico\corticali, ricevendo un segnale finemente elaborato dalle varie aree competenti. In ognuna di queste sono infatti delineati 3 differenti livelli di complessità, all'interno delle quali può essere riscontrata una certa compenetrabilità con le altre differenti regioni e tra le unità fondamentali che le compongono, cosicché le varie compartimentazioni biologiche corticali non elaborino solamente informazioni del tutto settorializzate, ma operino invece delle "comunioni" sia di informazioni che di neuroni in differenti gradienti ed in diverse misure.

Di conseguenza, prima di essere integrati, i dati già filtrati (tramite la soggettività dei vari tecnici e dei loro rispettivi aspetti specialistici) vengono processati da vari "gruppi neurali" che, nelle loro reciproche interazioni, compenetrano i rispettivi campi d'appartenenza disciplinare, in modo da fornire all'area associativa un quadro informativo analizzato nella maniera più completa possibile da ogni suo conosciuto punto di d'analisi (fig. 6).

Allo stesso modo, i vari tecnici che si differenziano tra loro per via dell'appartenenza alle diverse discipline e per le "informazioni di mansione" per cui queste si contraddistinguono tra loro, costituiscono di per sé stessi delle unità fondamentali delle eterogenee aree corticali (incarnate nella fisica, nella chimica, nella biologia, nella sociologia, [...]) e possono dunque processare autonomamente le informazioni pervenibili nelle percezioni da un punto di vista "compartimentale", in virtù dei compiti specializzati di cui sono incaricati (fig. 7).

La conformazione in gruppi che questi assumono produce allora la processazione più completa possibile, e all'area associativa possono essere quindi presentate unicamente elaborazioni delle varie percezioni in cui si sia tenuto di conto di ogni aspetto da queste incluso (progettuale, economico, sociale, ambientale, [...]).

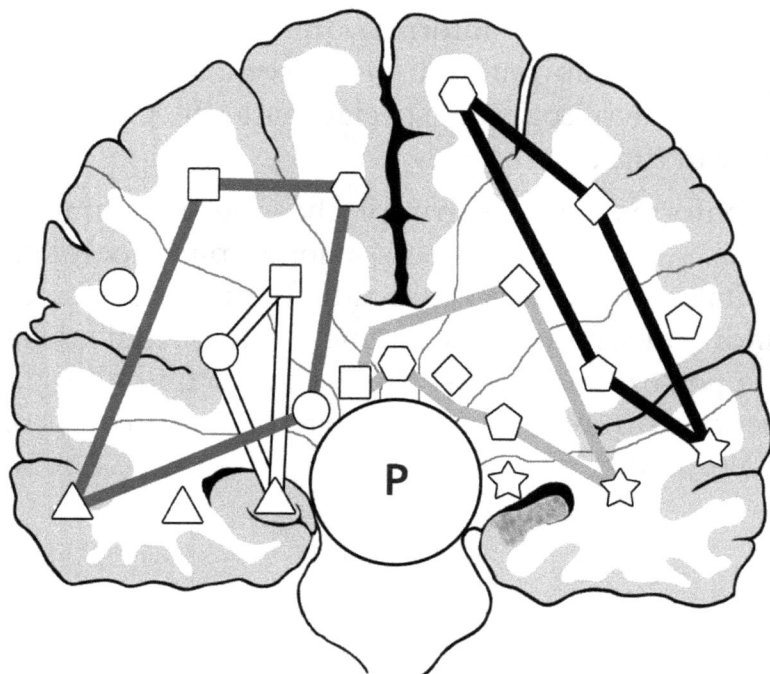

Legenda

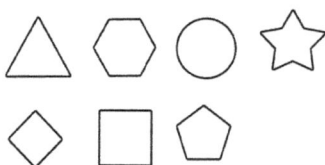

= neuroni delle varie aree

(Fig. 6) Rappresentazione concettuale dei "gruppi di lavoro" biologici nei livelli delle aree corticali più prossimi a quella associativa. Ovviamente si compiono negli ultimi livelli di complessità delle aree corticali e non come raffigurato, è solo una concettualizzazione.

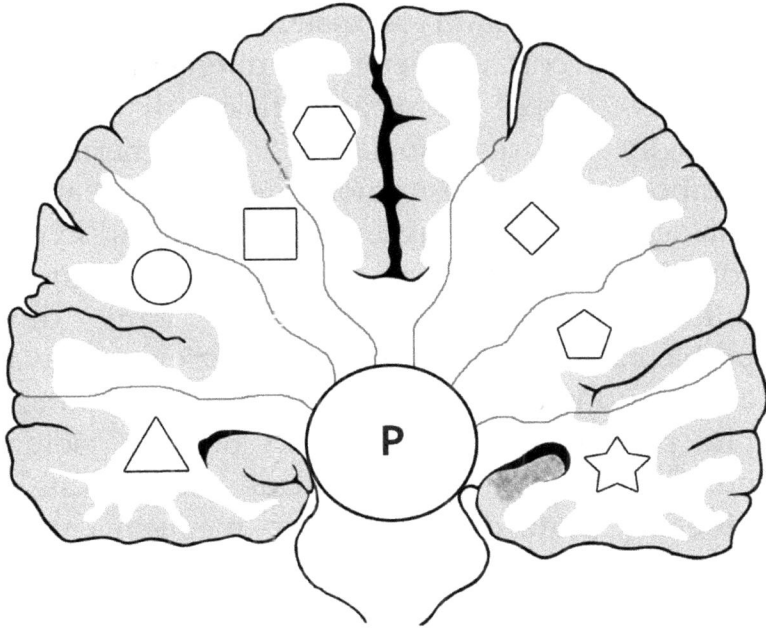

Legenda

△ Fisica   ⬡ Sociologia   ☆ Diritto

◯ Chimica   ◇ Psicologia

☐ Biologia   ⬠ Economia

(Fig. 7) Rappresentazione concettuale dell'organizzazione dei tecnici nelle aree corticali sociali. (P è l'area associativa che include tutte le persone interessate dalla proposta). Le discipline sono alcuni esempi campionari di quelle disponibili.

I vari tecnici infatti necessitano di una "fusione" eterogenea con i diversi componenti delle altre rispettive "aree" (tecnico di fisica, di chimica, di biologia, di sociologia, di ingegneria [...]), componendo in questo modo dei gruppi elaborativi analoghi a quelli presenti negli ultimi livelli di complessità delle aree corticali, dalla cui specifica unione, relativa all'analisi di ogni distinta problematica presente nella percezione, deriva un contributo necessario per garantire un'elaborazione più pertinente possibile, che produce soluzioni numericamente più cospicue, analizzate da differenti punti di vista, in una medesima unità di tempo.

Una prima integrazione delle informazioni percettive viene quindi compiuta dai gruppi tecnici, in modo tale che ogni singola informazione che questi potrebbero fornire all'insieme percettivo verrebbe presentata in modalità chiaramente non primitiva, bensì già processata da coloro detentori dei memi appropriati per farlo. All'area associativa sociale perciò, verrebbero presentate delle differenti tipiche soluzioni, bisognose della sola "pubblica" votazione\integrazione (rivolta ad una sua approvazione, negazione o ad un suo diretto ridimensionamento).

Dei gruppi di lavoro ben congegnati producono d'altronde un'informazione che non combacia con un insieme di dati di tipo "semplice", ma che costituisce di per sé stessa il prodotto di una riflessione intrapresa da dei centri eterogenei dotati sia d'arbitrio (in quanto uomini) che dei memi necessari per processarla (in quanto tecnici), delineante un quadro in cui l'informazione giunge all'insieme espressivo di coscienza collettiva in maniera già accuratamente "raffinata" e preintegrata, Quest'ultimo allora si trova nella sola condizione di valutarle visionandole in una forma senz'altro più "elevata".

Esattamente come accade in un cervello biologico, ove avvengono l'interpretazione e la compenetrazione delle diverse informazioni provenienti da altrettante differenti fonti corticali, anche nella fase elaborativa che si deve delineare i vari specialisti provvedono a fare altrettanto nei riguardi delle informazioni derivate dalle fonti percettive, decodificandole in prima istanza in modo strettamente personale e tipico da membro a membro o da gruppo a gruppo (Fig. 8).

Ognuno di loro infatti comprenderà la tematica a cui dover dare elaborazione in maniera difforme rispetto ad altri (dovuta sia alla loro specializzazione che alla loro individualità logica), producendo conseguentemente soluzioni eterogenee strettamente individualizzate e garantendo quella salubre diversità risolutiva assieme ad un ampia scelta d'intervento reattivo selezionabile.

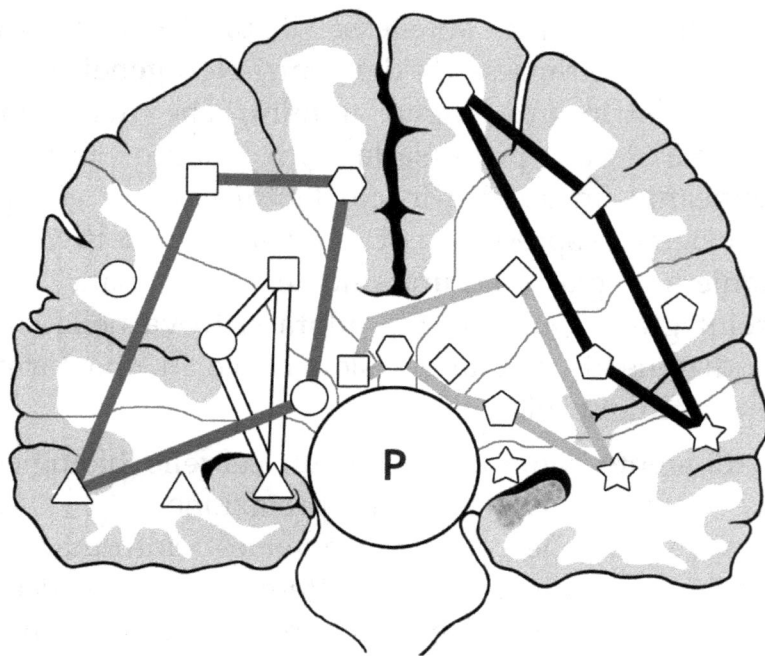

Legenda

△ Fisica ⬡ Sociologia ☆ Diritto

◯ Chimica ◇ Psicologia

▢ Biologia ⬠ Economia

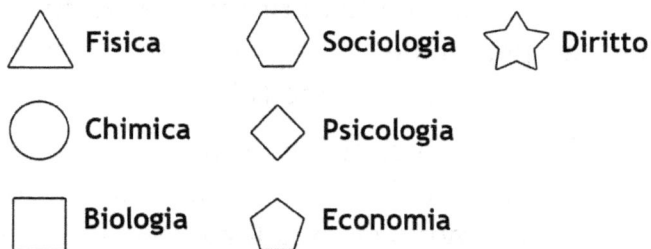

(Fig. 8) Rappresentazione dei "gruppi di lavoro" tecnici nelle "aree corticali sociali". (P è l'area associativa che include tutte le persone interessate dalla proposta).

Per spiegarne la funzionalità pratica (presente anche al di là della motivazione biologica), vediamo che se in un'ipotetica percezione sociale si dovesse ad esempio esprimere il bisogno di un mezzo logistico capace di svolgere determinate mansioni all'interno di una precisa area territoriale, ogni tecnico pertinente (o un gruppo di essi) sarebbe chiaramente in grado di risolvere tale problematica in maniera differente rispetto ad altri, in virtù di una libera e personale interpretazione.

Alcuni di loro potrebbero pensarvi progettando un treno, altri una funivia ed altri ancora degli autobus, [...], determinando progettazioni risolutive valide e già interpretate, ma non univocamente idonee.

Tenendo inoltre sommariamente presente che per elaborare soluzioni dotate di criterio partendo dalle percezioni socialmente presentate, sia necessario disporre di gruppi tecnici (o di singoli) che ricoprano le competenze necessarie allo svolgimento di un lavoro specifico (aspetto ingegneristico, economico, ambientale, sociologico, psicologico, legale, [...]), diviene logico pensare che gli elaboratori si uniranno naturalmente tra loro in funzione di una data elaborazione, seguendo in modo discrezionale dei criteri di competenza relativi alla materia presa in esame.

Ogni gruppo, in altri termini, troverà logicamente composizione in relazione alle capacità richieste dal tipo di elaborazione o viceversa manterrà una propria conformazione definita a priori, ma processerà sempre e solo soluzioni attinenti alle capacità possedute dai membri che ne prendono parte (come se fosse un'azienda specializzata in quel settore). L'edificazione di un ipotetico palazzo ad esempio non potrà essere elaborata da un biologo, da un informatico o da uno medico, [...], ma richiederà invece l'intervento di un ingegnere edile\civile, di un architetto, di un geologo, [...], cosicché qualsiasi gruppo avrà quindi la possibilità di decidere liberamente se mantenere fissa la propria configurazione, elaborando solamente soluzioni relative alla propria particolare combinazione di specializzazioni, o se aggregarsi all'occorrenza e secondo necessità delle specifiche percezioni.

Se osservata poi sotto un'ottica lavorativa, l'aggregazione in gruppi di lavoro da parte dei tecnici risulta fortemente efficace ed autonomamente bilanciante. Dal momento infatti in cui detengono la possibilità di comporsi\combinarsi in modo del tutto libero\naturale, assestando la loro configurazione in vista della funzione elaborativa, questi restano in grado di rispondere a dei criteri selettivi che, per il loro andamento evolutivo, selezionano solamente le combinazioni migliori nei confronti delle altre (processo selettivo).

Se la competitività "screma" le soluzioni più idonee in relazione all'ambiente di riferimento diviene logico che, oltre a cercare di produrre delle soluzioni migliori, questi troveranno autonomamente degli abbinamenti specialistici migliori tra quelli "concorrenti" per affrontare una data problematica, decretando un equilibrio naturale delle varie conformazioni lavorative.

Ricordiamo tuttavia che da un punto di vista amministrativo ogni tecnico rimane regolato da codici legali civili e penali, divenendo pienamente responsabile delle elaborazioni prodotte, motivo per cui (proprio come accade oggi giorno) rientra nel loro personale interesse attenersi minuziosamente alle indicazioni normative vigenti atte a garantire una sicurezza di progettazione competenziale, piuttosto che rischiare d'incorrere in un ambito processuale giudiziario. Come attualmente avviene, un medico non potrà ad esempio edificare un palazzo, poiché non avrà le caratteristiche tecniche richieste per farlo, e nel caso errato\contrario in cui invece dovesse, diverrebbe chiaramente perseguibile secondo la legge.

Prima di analizzare più dettagliatamente la conformazione dei gruppi di lavoro (unità base elaborativa dell'organizzazione) in relazione alle regole elaborativo\compositive a cui questi saranno necessariamente sottoposti (per la cui spiegazione si richiede la trattazione della componente territoriale dell'organizzazione), è però doveroso proseguire e concludere la descrizione dell'iter meccanico\procedurale dell'integrazione sociale delle informazioni tra i relativi insiemi istituzionali.

Seguendo dunque la conformazione della procedura fin ad ora descritta, notiamo che ai fini della determinazione di una soluzione consona per le percezioni prodotte, la sola componente elaborativo\integrativa tecnica, anche se disposta in gruppi di lavoro, non sembra autonomamente abilitata alla definizione di un'elaborazione appropriata nell'unità di tempo più adeguata. Nonostante infatti ogni gruppo possa decretare soluzioni tra loro differenti e ben congegniate, la parte "arbitraria" incaricata dell'integrazione (P) rimarrebbe marginalmente relegata ad un ruolo meramente approvativo, di modifica, o negativo dei progetti presentati, facendo procedere per tentativi propositivi l'intero iter decisionale e rallentando il periodo di tempo necessario per determinare una reazione pertinente.

Oltre a questo si concederebbe eccessivo "potere" al comparto tecnico, poiché le soluzioni socialmente selezionabili per un'eventuale reazione sarebbero solamente quelle fornite da tale insieme in prima ed unica istanza, senza quindi lasciare al "centro integrativo sociale" la possibilità di modificarle in funzione di una soluzione che risulti invece la più consona possibile.

Ogni gruppo potrebbe infatti candidare delle proprie soluzioni senza possibilità da parte di P di modificarle od averne di differenti rispetto a quelle fornite. Questo perciò comporterebbe una pseudo – imposizione nell'ambito risolutivo e non permetterebbe a tutte le persone di esercitare fino in fondo il potere di cui dispongono per la determinazione del comportamento dell'organismo sociale.

Osservando allora come la funzione integrativa viene svolta all'interno di un cervello organico, con il fine di carpirne le meccaniche per risolvere tale questione, scorgiamo che l'area associativa non solo provvede ad "acconsentire" o a "rifiutare" le informazioni che le differenti regioni corticali le inviano, bensì le "valuta" accuratamente e "partecipa" con il proprio apporto "arbitrario" ad una "rielaborazione" delle informazioni non reputate idonee.

Tale procedimento avviene attraverso l'interpretazione delle informazione ricevute dalle regioni e della ritrasmissione degli appositi segnali alle differenti aree corticali, per mezzo della quale gli elaboratori possono riprocessare le informazioni nella direzione selezionata, orientando i propri "sforzi" di calcolo verso una obiettivo ben definito che adesso gode di un ulteriore e più precisa delimitazione di campo. In altri termini, non tutte le processazioni biologiche vengono subito reputate completamente idonee o non idonee (basti riflettere sulle meccaniche di ragionamento che si compiono in una mente umana), ma sono al contrario regolate da una sequenzialità interazionale tra il centro decisionale (area associativa) e le differenti aree elaborative (aree corticali) che, indirizzate dall'orientamento imposto per mezzo del libero arbitrio presente nell'area associativa, possono produrre nuovi "contenuti" in modo mirato e seguendo un criterio desiderato.

Applicando perciò tale soluzione biologica all'organizzazione istituzionale che si vuole delineare, otteniamo che per la produzione di soluzioni speculari al volere sociale la funzione integrativa deve necessariamente usufruire dell'intervento "attivo" dell'insieme percettivo, affiancando l'espressione della "coscienza collettiva" (P) all'iter elaborativo tecnico (E), in modo tale che le soluzioni inizialmente presentate\preintegrate possano godere mano a mano di un direzione verso cui i relativi comparti tecnici debbano essere indirizzati, allo scopo ultimo di produrre la reazione ipoteticamente più idonea possibile. Agire in questa direzione significa quindi riconoscere una suddivisione del processo integrativo sociale in 2 principali "sotto fasi" tra loro distinte, rispettivamente ripartite in una "preventivo\tecnica" (2.1), in cui le soluzioni inizialmente elaborate ad opera dei gruppi specialistico\competenziali (che compiono una prima interpretazione "sensoriale" della percezione) vengono selezionate per mezzo di una votazione necessaria a definire l'impronta d'orientamento verso cui le soluzioni debbano propendere, ed una fase "progettuale\tecnica" (2.2) che incarna il feedback elaborativo in relazione all'espressione apportata dalla coscienza sociale (Fig. 9).

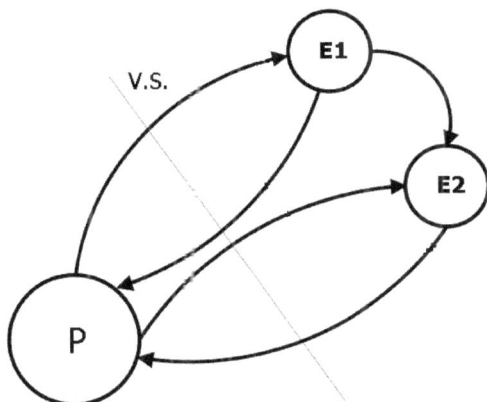

Legenda

P   Insieme percettivo
E1   Sottofase preventiva
E2   Sottofase progettuale
V.S.   Valore Soglia

(Fig. 9) Iter procedurale elaborativo, sottofasi 2.1 e 2.2

Procedendo con la descrizione delle rispettive sotto fasi, notiamo che il criterio selettivo adottato per distinguerle si sviluppa empiricamente per mezzo di due componenti fondamentali e distintive per l'intero processo integrativo.

Come infatti osservato in precedenza, l'elemento verso cui i tecnici presenti nell'insieme elaborativo devono mostrare competenza riguarda unicamente la componente **tecnica**, mentre tralasciano completamente quella attinente alla tipologia "**umana**". Tutte le soluzioni che questi inizialmente troveranno saranno quindi idonee dal punto di vista tecnico\settoriale, ma differiranno tra loro a causa dell'insieme di variabili non quantificabili in termini numerici.

Per la costruzione di un'ipotetica strada esisteranno ad esempio differenti soluzioni: se si dovesse tener conto solamente dell'efficienza come unico criterio di elaborazione, questa potrebbe evidentemente essere edificata in linea retta, prevedendo l'abbattimento di alcune abitazioni (alberi, strutture, [...]). Altrimenti invece potrebbero esistere altre differenti soluzioni, sicuramente meno efficienti dal punto di vista logistico, ma che non necessitino della distruzione di alcuna abitazione.

Ognuna delle soluzioni fornite differisce perciò dalle altre per via di una variabile "umana", ovvero la scelta relativa all'incentivazione della sola viabilità rispetto a quella che opta per un suo diverso compromesso. E' una variabile che nei vari contesti si orienta a selezionare qualunque tipo di orientamento risolutivo, come potrebbe esserlo la selezione della forma di un ipotetico grattacelo rispetto ad altre (o se fare o meno il suddetto grattacielo, piuttosto che un altro tipo di edificio), del tipo di centrale energetica da costruire, del tipo di moneta da adottare, di presa elettrica, di cabine telefoniche, di lampioni, di ponti, di servizi logistici, di leggi da creare\abrogare, [...], che differiscono dalle altre a causa di una variabile non tecnico\competenziale, bensì umana\arbitraria.

La facoltà di giudicarla e stabilirla spetta pertanto a tutti coloro che sono interessati all'eventuale soluzione, proprio a causa del fatto che saranno le persone da essa coinvolte sia a pagarne i costi di realizzazione, che a vivere sulla propria pelle le sue conseguenze.

Le componenti umane non richiedono competenza settoriale e sono chiaramente di pubblico dominio.

All'interno della fase in cui vengono esplicate e soddisfatte, che prende il nome convenzionale di "**sotto fase preventiva**" (2.1), i tecnici dell'insieme elaborativo presentano dei "concept" delle soluzioni che intendono realizzare, non producendo un lavoro approfondito od elevatamente dettagliato dell'elaborazione, bensì un'opera che ricopra la funzione di "progetto iniziale di riferimento" avente lo scopo di determinare l'orientamento delle soluzioni nella sotto fase successiva. Così facendo si offre ad ogni persona interessata alla proposta la possibilità di valutare sommariamente quale tra le plausibili soluzioni provenienti dai differenti gruppi tecnici si confaccia maggiormente alle proprie necessità, scartando quelle reputate non idonee da un punto di vista "umano" e selezionando quelle che invece si presentano come appropriate o di maggiore gradimento. Proceduralmente parlando tale interazione si traduce in una votazione SDC dei vari preventivi, caratterizzata come sempre e per i medesimi motivi da un vigente valore soglia che, una volta superato, produce la soluzione vincitrice tra quelle proposte e detiene il gradimento necessario per filtrare alla sotto fase successiva.

Tuttavia, nel qual caso non si pervenga ad una soluzione opportuna all'interno di quelle presentate, ogni individuo (o rappresentante SDC) è completamente libero di non esprimersi\votare a riguardo (o votare negativamente), cosicché possa capitare che vi sia un mancato raggiungimento del valore soglia necessario per far progredire una soluzione preventiva alla sotto fase progettuale. In tal evenienza si determinerebbe una ciclicità elaborativa regolata da appositi vincoli funzionali (descritti più avanti), entro la quale i vari tecnici presenterebbero dei nuovi preventivi o delle compenetrazioni rielaborate di quelli "sbagliati" appena passati (magari apertamente discussi e commentati), che si ripeterebbe fino alla determinazione di un progetto vincitore capace di soddisfare le esigenze degli interessati nel modo migliore possibile.

Tale ciclica evenienza riveste il ruolo di un raggiungimento più o meno graduale di una soluzione ottimale che, come vedremo tra poco, sarà regolata da un principio di agevolazione elaborativa necessaria per garantire una quantità di elaborazioni\elaboratori crescenti dal momento in cui la sotto fase preventiva (2.1) ha avuto inizio.

Poiché questo tipo di procedura sfrutta poi tutti i vantaggi apportati dalla comunicazione via internet, vi è reale possibilità da parte di ognuno di commentare le motivazioni relative ad un eventuale mancato raggiungimento del gradimento necessario per sorpassare il valore soglia. Si potrebbe quindi suggerire la direzione verso cui i lavori preventivi dovrebbero procedere, traendo chiaro giovamento dalle soluzioni provenienti da ambienti in cui simili problematiche si siano magari già presentate.

Oltre a questo, tale fase riveste il compito di non sobbarcare i tecnici di un lavoro eccessivo, che potrebbe tuttavia rivelarsi inutile. Esattamente infatti come le commissioni presentate ad un architetto (od un altro specialista) da parte di un privato desideroso di realizzare una propria abitazione richiedono uno o più progetti preventivi prima di effettuare quello finale vero e proprio, con lo scopo di selezionare quale tra le possibili varianti si confaccia maggiormente alle esigenze del cliente, anche in questa sotto fase si producono differenti e sommarie soluzioni rivolte non a produrre una vera e propria progettualità definitiva, richiedente un lavoro d'impegno decisamente più certosino, bensì a fornirne uno preventivo che lasci trasparire le informazioni necessarie per soddisfare la componente "umana" ideale.

Una volta che si è stabilito il preventivo vincitore, viene poi la volta della "**sotto fase progettuale**" (2.2). Adesso che i tecnici dispongono di un valido modello su cui poter lavorare, che si definisce sia come il feedback sociale che come il tipo di progetto su cui orientare i propri sforzi, è per loro possibile produrre un lavoro esclusivamente tecnico che sia più accurato e più definitivo possibile che sarà regolamentato dalle medesime dinamiche selettive presenti nella sotto fase preventiva, con tanto di votazione, valore soglia e ciclicità ripetibile.

Qui perciò si definirà la soluzione che diverrà una segnale di reazione che giungerà infine all'insieme reattivo incaricato di concretizzarla.

Tuttavia, dato che ogni tipo di soluzione proposta od approvata potrebbe uscire dai limiti imposti dalle legislazioni presenti nei differenti luoghi, o rivelarsi magari dannosa per l'ambiente o le persone, anche se non dovesse essere votata o presa in considerazione in una delle 2 sotto fasi, è bene ovviamente costituire uno "spazio di discussione tecnica" parallelo ad uno di "discussione non tecnica" (entrambi costantemente visibili), composta da forum, blog, [...], che accompagnino l'intera proposta dall'inizio del suo iter fino alla fine di ogni sotto fase, dal cui esito potranno chiaramente dipendere sia la messa in discussione delle ipotetiche soluzioni che la loro eventuale approvazione.

Tali spazi hanno dunque lo scopo di informare il corpo elettorale (od i rappresentanti SDC) sulla proposta che si appresteranno a votare, di consentire ai vari tecnici legali (come gli odierni avvocati, giudici o magistrati) di considerarne l'impatto sulle le relative legislazioni rapportandole alle normative vigenti, o di permettere ad un qualsiasi altro specialista di esprimere le proprie analisi\perplessità da cui potrebbe evidenziarsi un'eventuale dannosità. In questo modo l'opinione pubblica può essere orientata da un punto di vista tecnico\umano nei riguardi delle scelte che potrebbero risultare più appropriate rispetto ad altre, permettendo all'elettorato di compiere la scelta più corretta in base ad un'informazione decisamente più cospicua.

Tenendo ancora una volta ben a mente che, esattamente come accade oggi giorno, chiunque elabori una soluzione è penalmente responsabile\perseguibile di qualsiasi eventualità negativa possa scaturire dalla sua realizzazione (come ad esempio il crollo di un palazzo per un ingegnere, [...]), una volta che le informazioni ottenute per mezzo degli appositi spazi di discussione dovessero essere completamente sviscerate, il volere sociale espresso attraverso la votazione non potrebbe di certo più essere negato.

Tuttavia, nel caso in cui una soluzione dovesse raccogliere il consenso necessario per superare il valore soglia anche se si dovesse trovare in netta contrapposizione con una o più normative in vigore, si potrebbe forse dare ad intendere che le vigenti legislazioni non incarnerebbero più dei vincoli "realmente desiderati", producendo conseguentemente un paradosso da risolvere in modo meccanico.

Il procedimento elaborativo bloccherebbe la soluzione selezionata in modo giustificato, poiché prima di darvi concretizzazione sarebbe necessaria una nuova percezione rivolta a modificare le eventuali normative con cui questa avrebbe mostrato un contrasto. L'iter procedurale verrebbe quindi "congelato" lasciando il tempo di modificare le leggi che la regolano, sennonché per mezzo dello spostamento delle votazioni od una loro nuova disposizione (sempre interna al termine temporale del bando selettivo), potrebbe essere selezionata un'altra diversa soluzione che non presenti analoghi attriti.

Si consideri poi che, come da procedura, possono essere intraprese nuove proposte di tipo percettivo rivolte ad una modifica o ad una "distruzione" di tutte quelle reazioni reputate "sbagliate" a posteriori, oppure ancora ad un ricorso d'inchiesta giudiziaria che persegua simili intenti. Inoltre, anche in qualunque momento procedurale successivo alla percezione (fasi 2 e 3) diviene possibile eliminare una specifica proposta in conseguenza ad un espresso dissenso di coloro interessati, poiché alcune percezioni potrebbero non rientrare più nei canoni di gradimento del corpo sociale, od essere inglobate da altre differenti. Tale procedura si attiverebbe quindi con un quorum inferiore a quello del valore soglia, ma non inferiore alla metà dei votanti, fissato ad esempio attorno al 51%, lasciando pieno controllo e sovranità sul da farsi all'intero corpo sociale.

Sebbene da un lato alcuni potrebbero affermare che questa votazione (di tipo prevalente tecnico nelle sotto fasi 2.1 e 2.2) dovrebbe essere unicamente relegata ai membri dell'insieme elaborativo, è bene constatare che sarebbe sicuramente sbagliato rendere esclusiva una qualsivoglia votazione. Considerando che il "lavoro" del voto può essere facilmente smaltito per mano dei rappresentanti SDC (non facendolo così gravare su di una larga parte della popolazione), si potrà convenire che non vale assolutamente la pena togliere la possibilità di espressione del potere collettivo anche nei casi di una scelta di questo tipo, poiché la sovranità su ogni decisione dovrebbe costantemente risiedere nell'intero corpo sociale spartendone equamente e costantemente la responsabilità (come da struttura trasversale).

Successivamente alla determinazione di una soluzione consona, ossia superate entrambe le sotto fasi, viene poi la volta di concretizzare il progetto in essa descritto per mezzo del terzo insieme istituzionale. La proposta vincitrice giunge dunque nella terza ed ultima parte del social network, all'interno della quale i costruttori si uniscono per competenza richiesta in gruppi di lavoro (seguendo la medesima regolamentazione dei gruppi tecnici) al fine di manifestare una reazione più opportuna ed efficiente possibile.

La procedura selettiva qui utilizzata è la medesima impiegata all'interno della fase elaborativa (votazione di gradimento della proposta, valore soglia, ciclicità), cosicché sempre attraverso un metodo competitivo rimanga possibile decretare la vincita dell'appaltato di reazione.

A differenza tuttavia della parte elaborativa, in questa fase non vi è alcuna suddivisione in ulteriori sotto fasi, poiché l'unico progetto presentabile dai costruttori includerà direttamente tutte le componenti necessarie (i costi, le tempistiche, [...]) all'interno di un unico preventivo.

Altro elemento distintivo in tale fase è la supervisione, la responsabilità dei lavori e la loro direzione ad opera del gruppo di lavoro tecnico vincitore dell'appalto elaborativo. Coloro\colui che in altri termini dovessero vincere l'appalto elaborativo sarebbero i diretti coordinatori (sovraintenderti) dei lavori concretizzativi, semplificando enormemente la realizzazione del progetto vincitore e facendo giustamente ricadere la responsabilità su di quelli che l'avrebbero progettato. Ciò non toglie che i tecnici potranno sentirsi liberi di delegare la propria posizione di responsabilità con altri loro pari gradi o pari competenziali consenzienti.

Una volta quindi che la reazione più idonea viene selezionata, i lavori di concretizzazione possono avere inizio, sovvenzionati e monitorati con trasparenza da chiunque. Tutti i costi relativi saranno semplicemente a carico di coloro interessati all'area d'interesse della proposta (che visioneremo in seguito), i quali divideranno tra loro la cifra d'importo totale.

Prima di proseguire nella descrizione dell'iter procedurale è doveroso, poiché ne capita l'occasione, rendere presente la meccanica di motivazione partecipativa alle attività organizzative. Dato che ogni tecnico, costruttore o rappresentante SDC dovrà svolgere un lavoro richiedente tempo, impegno e passione, deve necessariamente fare la sua presenza una sorta di "motivatore lavorativo" che, nel nostro caso, potrebbe collimare con una convenzionale **retribuzione d'appalto**. Nel caso quindi in cui si dovesse avere ancora fiducia nell'incentivo economico in qualità di unico iniziatore di azioni, piuttosto che nella più elevata e futuribile partecipazione volontaria, vi sarebbe una valida motivazione per cui ogni tecnico, costruttore o rappresentante SDC potrebbe rendersi attivo all'interno dell'organizzazione. Ognuno di loro riceverebbe un compenso in relazione al contributo che apporterebbe alla società, senza vincolare necessariamente il corpo sociale ad una inutile e rischiosa tassazione fissa, considerabile alla stregua di mantenimento ingiustificatamente "sicuro" degli operatori esclusivamente delegati (come oggi accade).

La soluzione più idonea sembra perciò consistere nell'attribuire una cifra standard in relazione all'apporto fornito. Ogni tecnico o gruppo di lavoro potrebbe ad esempio ricevere un compenso in conseguenza ad una vincita d'appalto (sia che si tratti della sotto fase 2.1 che della sotto fase 2.2) e lasciare magari altre "piccole" retribuzioni ai secondi o terzi classificati (giusto per spronare la partecipazione ed il mantenimento di una diversità propositiva risolutiva). Ai costruttori ugualmente potrebbe venir retribuita una somma di vincita sempre relativa alla portata del contributo fornito (sempre magari con secondo e terzo posto), mentre ai rappresentanti SDC potrebbe essere concessa una retribuzione in proporzione al numero di poteri esercitati a posteriori di una reazione. Tali differenti cifre deriverebbero in ogni caso dall'afflusso delle singole persone interessate all'elaborazione\reazione, che spartirebbero tra di loro il costo totale dei relativi "premi di retribuzione". Il loro ammontare rimane comunque sia un dato di dettaglio definibile in un secondo momento, l'importante adesso è che rimanga chiaro l'abbozzo ideale della modalità di concessione dell'onorario.

Territorio

Adesso che la meccanica dell'iter procedurale è ben definita nelle sue 3 fasi e nei compiti che al suo interno rivestono i 3 insiemi sociali istituzionali, giunge il momento di trattare la seconda componente da cui trae fondamento l'intera organizzazione, indispensabile per comprendere l'area d'interesse della proposta, il suo grado d'intensità, la formazione dei gruppi di lavoro, le regolamentazioni ad essi attinenti, il numero di persone costituenti la cifra d'intero considerata dal valore soglia e quelle che tra queste sono abilitate alla votazione all'interno delle suddette aree.

Tale elemento consiste nella componente territoriale, sopra alla quale gli individui sono fisicamente disposti ed attraverso cui diviene possibile delineare una loro prospettiva posizionale, congiunta alla circoscrizione che delimita l'influenza delle proposte.

Procedendo con ordine, iniziamo con la descrizione della sola **area d'interesse**. Una delle variabili di cui è necessario tenere di conto per introdurre questo concetto è generata dalle differenti necessità, problematiche e culture relative alle diverse locazioni che, basandosi sulle osservazioni del celebre evoluzionista Charles Darwin, differiscono dalle altre per via dell'habitat in cui si trovano, ed in relazione alle quali i rispettivi abitanti abbisogneranno di esaminare delle tematiche disomogenee a loro strettamente connesse.

Non si può, non serve e non si deve "comprare un ombrello per tutti gli abitanti del mondo se la pioggia cade solamente in una precisa località", poiché oltre a comportare un'inutile dispiego di tempo, risorse ed energie, si coinvolgerebbero delle persone in una reazione di cui chiaramente non abbisognerebbero. La pioggia costituisce la metafora con cui indicare una problematica endemica di una determinata cultura e non di altre che, se fossero ugualmente incluse dalla soluzione dell'ombrello, si vedrebbero meramente invischiate in elaborazioni\reazioni di cui non sarebbero interessati. Ogni proposta infatti merita di distinguersi per mezzo di una determinata area d'interesse, attraverso cui viene definita la circoscrizione del suo effetto ed entro alla quale si stabilisce un preciso numero di votanti che rifletteranno la cifra d'intero espressa all'interno del valore soglia, aumentando o diminuendo il numero di elettori in proporzione alla superficie che la percezione interessa.

In virtù della derivazione biologica da cui l'intera organizzazione trae ispirazione sarebbe senz'altro interessante non avere confini di riferimento capaci di delimitare a priori determinate porzioni di territorio. Ogni percezione potrebbe espandersi per mezzo di aree libere (misurabili ad esempio in superfici regolari\irregolari), includendo nella loro dilatazione (concentrica o meno) tutti i residenti e le zone che verrebbero da questa interessate. A causa tuttavia sia dell'effetto che le eterogenee legislazioni che verrebbero a crearsi (indispensabilmente bisognose di confinamento) potrebbero mostrare, che per le sue immani difficoltà realizzative, si rende necessario avvalersi delle delimitazioni convenzionali tutt'oggi visibili, cosicché la dimensione di tali aree possano variare dalla circoscrizione comunale (più piccola) e proseguire con quella provinciale, regionale, nazionale, continentale, fino a giungere a quella mondiale (più grande).

Proprio come accade negli organismi biologici, dove gli stimoli che raggiungono l'organo elaboratore riportano il grado d'espansione dell'area sollecitata a cui i recettori sono stati sottoposti, anche l'organismo sociale necessita di recepire la dimensione dell'interesse suscitato dalla percezione, permettendo di intervenire adeguatamente sulle problematiche, criteriata e di oculato risparmio energetico, sia umano che materiale.

Quindi, come premesso, tutta l'organizzazione verte necessariamente su di un completo automatismo meccanico procedurale, che consente per suo tramite di non conferire alcun eccesso di potere nelle mani di un individuo o di un gruppo di essi in particolare. In questo caso tale disquilibrio consisterebbe nell'attribuire ad un ipotetico "qualcuno" la capacità di regolare l'espansione della proposta (la sua area d'interesse), che nell'esercizio delle sue funzioni potrebbe rendersi responsabile di un assolutismo discrezionale dell'interesse condiviso, generando conseguentemente l'eventualità di esclusivismi e disfunzioni procedurali che farebbero avvertire, come negli ordinamenti passati, il bisogno erroneo di istituire degli organi di controllo incaricati di monitorare la qualità di un operato il cui agire potrebbe mostrarsi potenzialmente fallace.

Dato che ogni tipo di percezione sociale può essere quindi intuita come necessaria nel momento in cui dovesse essere mostrata anche a coloro che non avessero pensato al problema in essa esposto, evidenziandone una possibile condivisione operata a posteriori all'interno delle differenti circoscrizioni, nell'organizzazione che si vuole delineare deve trovare posto un meccanismo capace di presentare all'occorrenza ogni singola percezione all'interesse collettivo. Se dovessero esserne condivisi i contenuti si potrebbe perciò delineare una reazione capace di provvedere ad una sua risoluzione più estesa, valida e votabile per tutti quelli che potrebbero avvertirla come necessaria.

D'altro canto ogni persona non possiede cognizione delle problematiche esterne al luogo in cui risiede, motivo per cui nessun individuo sembra in grado di proporre con esattezza una percezione valida per le aree differenti da quella in cui si trova se non per via di una propria personale intuizione, che potrebbe magari collimare con un'espansione legittima dell'area d'interesse di una data percezione.

Come allora si potrà capire la delimitazione circoscrizionale delle proposte da risolvere è chiaramente parte integrante di ogni percezione e viene allegata nella fase 1 ad opera di colui che propone (recettore), delineando un quadro percettivo in cui sono presenti differenti problematiche (o anche uguali) bisognose di essere "filtrate" per mezzo della raccolta dei consensi (quorum) proporzionali alle loro eterogenee estensioni territoriali.

Parallela all'area d'interesse, alla cui variazione d'estensione corrisponde un differente indice del quorum di valore soglia, si descrive la **residenza**, che rappresenta l'elemento indispensabile per comprendere sia la mappatura degli individui che il numero dei votanti che comporrà l'insieme percettivo.

Da un punto di vista ordinamentale è intesa come "il luogo in cui la persona ha dimora abituale", ma non essendo tuttavia specificato in buona parte degli attuali codici civili che cosa esattamente "la dimora" rappresenti (che differisce per l'appunto dal domicilio), il significato del termine generalmente più diffuso ed utilizzato è quello di accezione più comune, ossia "il luogo in cui una persona si trova ad abitare".

Come visibile ai giorni nostri, ogni persona risiede in un determinato luogo classificabile per mezzo di un indirizzo che comprende al suo interno le informazioni necessarie per risalire alla sua ubicazione abitativa. Sono dati sensibili che permettono di comprendere la dislocazione geografica della data persona, indispensabili per definire le sue generalità attinenti lo "spazio fisico" in cui vive (nazione, regione, provincia, comune, via e numero civico), e che consentono quindi di stabilire una "pianta residenziale totale" degli individui sul territorio.

Seppur scontata all'intero delle teorie organiciste, forme concettuali ad essa analoghe possono essere pervenute anche all'interno degli organismi biologici, per mezzo della quale questi possono riconoscere l'esatta collocazione dei vari apparati e delle varie cellule che lo compongono. Ognuno\a di questi\e trova infatti precisa disposizione, garantendo sia il riconoscimento del luogo specifico da cui provengono le percezioni, che il posto in cui le problematiche dovranno essere risolte, aumentando l'efficacia delle reazioni interne a causa di una delimitata circoscrizione d'intervento.

Analogamente alla biologia, l'organizzazione che si vuole delineare deve essere capace di individuare una precisa area su cui compiere un intervento, riconoscendo sia l'ubicazione della "sollecitazione" a cui sono stati sottoposti i recettori (persone\percezione), che il numero di "cellule uomo" da questa coinvolte (che sono abilitate a votare quelle a cui sono rispettivamente interessate).

Ragionando allora che con i mezzi di un tempo, quali i documenti anagrafici o quelli d'identità, la residenza di ogni persona poteva essere facilmente visionata, permettendo di ricavare vari tipi di dati demografici attinenti le differenti porzioni di territorio, con quelli attuali diviene finalmente possibile descrivere una completa "pianta abitativa virtuale" dell'intero corpo sociale, indispensabile per gli scopi da noi preposti.

Laddove un *Google earth* consente la visione di ogni singolo dettaglio topografico del pianeta per mezzo dell'affiancamento di varie foto satellitari, un ipotetico *"Google social"* contenente i dati di ogni persona in un database, consentirebbe altrettante visioni attinenti gli insediamenti umani e le rispettive ripartizioni sociali tra percettori, elaboratori e costruttori (con specializzazioni annesse) (Fig. 10).

Legenda
△ Fisico ◯ Sociologo ☆ Legale
◯ Chimico ◇ Psicologo
◻ Biologo ⬠ Economista

(Fig. 10)   Rappresentazione concettuale della residenza nell'organizzazione.

Per chiarire su cosa esattamente la residenza così intesa andrebbe ad incidere, vediamo che applicando gli schemi territoriali imposti dai confini convenzionali utilizzati per definire le varie aree d'interesse delle percezioni (comuni, provincie, regioni, nazioni, continenti, mondo), diviene possibile conoscere il numero esatto di persone interne ad ognuna di essa, e ricavare il numero preciso di coloro abilitati alla votazione che definiranno la cifra d'intero per il quorum del valore soglia.

Si capisce infatti che l'importanza del diritto di voto è talmente incisiva da consentire la modifica attiva dell'ambiente interessato ad opera di coloro che ne usufruiscono, i quali per mezzo della propria libera espressione sono abilitati a cambiarlo nel modo da loro reputato più idoneo.

Con lo scopo di preservare\rispettare il volere di coloro che vivranno in prima persona le reazioni prodotte, la possibilità di votazione non può essere "generalmente" estesa a tutti coloro coinvolti dalle percezioni, ma dovrà invece essere concessa ai soli residenti interni alle rispettive aree d'interesse.

Questi pertanto (inclusi i rappresentanti SDC), come condizione necessaria per un più giusto funzionamento istituzionale, dovranno trovarsi dentro tale area per esercitare le loro funzioni d'espressione del potere nei confronti della data proposta, mentre coloro che non avranno residenza in quel luogo non potranno chiaramente fare altrettanto. Se invece la votazione sulle percezioni fosse concessa indistintamente anche a coloro che non avessero residenza entro la determinata area, la specularità con il volere sociale interessato verrebbe chiaramente meno, o diverrebbe comunque sia del tutto influenzata.

La funzione residenziale può essere quindi considerata in qualità di elemento "preservatore" del volere di chi si trova a dover modificare "casa propria".

E' un provvedimento inoltre che costituisce una caratteristica unica nel suo genere, poiché per la prima volta non sarebbero solamente le persone (o rappresentanti SDC) a ricercare le possibili percezioni, bensì sarebbero quest'ultime ad interessare i membri del corpo sociale, presentandosi a seconda delle rispettive aree d'interesse a dei loro differenti quantitativi, capovolgendo diametralmente il concetto di espressione del potere politico presente ai giorni nostri.

Condizioni logiche di funzionamento

Alla combinazione tra area d'interesse e residenza fanno necessariamente capo sia ogni tipo di elaborazione\reazione, che le varie regolamentazioni delle conformazioni dei gruppi di lavoro (di tecnici e di costruttori).

A prescindere dal proprio insieme di appartenenza (elaborativo e reattivo), qualsiasi persona diviene infatti logicamente "attiva" nelle proprie "mansioni" d'esercizio di potere solamente su quelle percezioni che le coinvolgono con la propria area d'interesse, cosicché tutti i tecnici\costruttori da questa inclusi si adoperino per elaborare\costruire solamente le percezioni\reazioni che li riguardino.

Ognuno di questi deve quindi essere "legato" alle percezioni che lo interessano, ed "attivarsi" di volta in volta in relazione alla loro presenza, delineando una concreta possibilità per ognuno di loro sia di lavorare e competere all'interno di precise circoscrizioni, che di dedicarsi specificatamente a ciò da cui sono interessati.

Sarebbe d'altronde del tutto inutile costituire dei piani elaborativi\reattivi con differente regolamentazione, in funzione del fatto che se così non fosse alle percezioni presenti nei vari luoghi potrebbero non pervenire delle elaborazioni\reazioni nell'unità di tempo più idonea. Tutti i vari comparti tecnici\costruttivi, con un eccesso di libertà decisionale nei confronti delle elaborazioni\concretizzazioni verso cui potersi rapportare, potrebbero infatti scegliere di tralasciare alcune percezioni in funzione di altre presenti in aree esterne, incidendo massicciamente sulle tempistiche e sulle garanzie di risoluzione delle problematiche nei luoghi da cui sarebbero invece inclusi.

Diversamente accadrebbe se i relativi comparti tecnici\costruttori dovessero formare dei gruppi lavorativi in rapporto alla superficie interessata dalla proposta, "vincolandosi" così alla precedenza della loro risoluzione. La mansione primaria degli elaboratori\costruttori diverrebbe allora quella di occuparsi delle percezioni che li coinvolgerebbero con la propria cui area d'interesse, ed ogni percezione troverebbe in modo garantito una corrispettiva componente tecnico\reattiva di riferimento che non potrebbe ovviare al lavoro verso cui avrebbe un **obbligo restrittivo** di competenza.

Dedicandosi "obbligatoriamente" a tali percezioni\reazioni, si risolverebbe l'annoso problema di istituire dei tecnici\costruttori "garanti esclusivi" per ogni circoscrizione (quali ad esempio gli attuali organi comunali, quelli regionali, il genio civile, [...]), incaricati sotto un ingiustificato compenso mensile di risolvere esclusivamente le problematiche attinenti la propria area di riferimento, senza competizione e senza possibilità di scelta alternativa per il corpo sociale (in chiaro disaccordo con i canoni di una politica d'appalto e di quelli della struttura trasversale).

Beneficiare inoltre di un vincolo come quello descritto per circoscrivere l'operato dei membri dei comparti elaborativi\reattivi nelle aree da cui sono interessati, consente di tutelare il lavoro istituzionale svolto e di mantenere "omogenea" la possibilità di guadagno individuale al suo interno.

Ogni tecnico\costruttore potrebbe infatti adoperarsi senza alcuna possibilità di smisurata competitività iniziale, che si rivelerebbe magari dannosa nelle prime proposizioni risolutive tecniche all'interno delle fasi teoricamente cicliche (2.1 e 2.2).

Ciò tuttavia non significa che i vari tecnici\costruttori potranno detenere un quantitativo eccessivo di potere, derivato dalla possibilità esclusiva di risolvere le varie percezioni loro attribuite, poiché se ognuno di questi potesse adagiarsi su di una "sicurezza" lavorativa capace di isolarli completamente da un "mercato" elaborativo\reattivo maggiormente espanso, la qualità e la tempistica con cui verrebbero presentate le relative soluzioni o concretizzazioni andrebbe chiaramente a risentirne.

Se solamente quelli inclusi dall'area d'interesse fossero abilitati a stabilire le ipotetiche soluzioni\reazioni da poter essere selezionate, potrebbero verificarsi delle possibilità latenti di ciclicità potenzialmente infinite nelle fasi 2 e 3, visibili alla stregua di una "dittatura delle scelte sociali".

Ne consegue quindi che la variabile fondamentale per risolvere tale questione riversa necessariamente su di quella "temporale". Considerando la successione tra le varie fasi (1\2.1, 2.1\2.2 e 2.2\3) in relazione al tempo, diviene possibile determinare il momento preciso in cui intervenire per garantire un aumento di **espansione della competenza**, fondamentale sia per delineare un quadro più competitivo possibile tra i vari tecnici\costruttori, che per selezionare la soluzione maggiormente idonea nell'unità di tempo più adeguata, riducendo la possibilità di ciclicità potenzialmente illimitate e di eventuali monopoli propositivi.

Tale procedimento trova applicazione nel caso in cui tra le varie fasi trascorra un predeterminato periodo tempo, oltre il quale l'area di competenza espanderebbe la propria superficie alle zone limitrofe di pari dimensione contenenti un numero più elevato di tecnici\costruttori, che diverrebbero così abilitati a risolvere la data percezione per loro precedentemente considerata "fuori area".

Per agire in questo modo si definisce un valore massimo di giorni (mesi\anni) entro cui ogni fase o sotto fase debba necessariamente succedersi (visibile come la durata di un bando di concorso), che determina un **valore soglia di espansione competenziale**. Al suo scadere questo provvede ad incrementare la quantità di individui specializzati (tecnici\costruttori) incaricati di "obbligo restrittivo" verso la determinata percezione.

Se dovesse ad esempio pervenire una percezione sociale la cui area d'interesse dovesse coinvolgere una superficie dalle dimensioni regionali, e questa non dovesse ricevere entro un dato periodo di tempo (valore soglia di espansione della competenziale) la sua relativa elaborazione preventiva, l'espansione della competenza provvederebbe ad "attivare" i tecnici delle regioni circostanti (comuni per i comuni, nazioni per le nazioni, continenti per i continenti), che in questo modo diverrebbero abilitati alla risoluzione della problematica in questione.

Tale procedimento regolerebbe ogni intervallo di fase o sotto fase, nel senso che non si attiverebbe solamente nel caso in cui tra la percezione e l'elaborazione preventiva dovesse trascorre il periodo di valore soglia, ma si applicherebbe anche tra l'elaborazione preventiva e quella progettuale, tra quella progettuale e quella reattiva, tra quella reattiva e l'effettiva concretizzazione, apportando un chiaro beneficio all'intero iter decisionale e tutelando la tempistica d'avanzamento procedurale.

Proseguendo nella descrizione della regolamentazione dei gruppi in relazione all'area d'interesse\residenza, notiamo poi la presenza di altri casi verso cui mostrare chiarimento.

Nei casi infatti in cui i vari tecnici\costruttori non dovessero riscontrare la presenza di percezioni\reazioni a cui potersi dedicare, per via magari di un non richiesto impiego delle loro specifiche specializzazioni, o nel caso in cui non dovessero presentarsi affatto delle percezioni che li dovessero riguardare, considerando lo stato attuale dell'organizzazione sarebbe possibile rilevare che questi si troverebbero relegati al potenziale non impiego. In questo modo non gli sarebbe possibile offrire le proprie competenze in mancanza di una percezione e sarebbero perciò costretti ad attenderne il manifestarsi.

Tuttavia, sia per risolvere tale problematica, che per usufruire di una maggior quantità possibile di componenti tecniche\costruttrici nella proposizione elaborativa\reattiva, in questa evenienza dovrebbe essere per loro possibile ampliare la propria area di competenza (obbligo restrittivo) alle zone limitrofe, espandendo la relativa superficie in rapporto alle circoscrizioni più piccole (comuni) confinanti.

Così facendo, nel caso in cui non dovesse avere alcun ponte da progettare all'interno delle percezioni le cui aree d'interesse dovessero coinvolgerlo, si darebbe la possibilità ad un ipotetico ingegnere specializzato nella sola costruzione di ponti di "cercare lavoro" nei comuni adiacenti, concedendogli di ripetere tale operazione "espansiva" fintanto che non dovesse riscontrare ciò che lo potrebbe riguardare. Nel momento però in cui delle percezioni verso cui dovesse mostrare "obbligo restrittivo" dovessero crearsi, la precedenza ricadrebbe chiaramente su di queste, riducendo nuovamente la sua area di competenza a quella iniziale.

Oltre a tale casistica, procedure analoghe di espansioni delle competenza possono essere riscontrate per la composizione dei gruppi in relazione ad una scarsità di tecnici entro l'area d'interesse. In altre parole si necessita di una regolamentazione più precisa nel caso in cui si volesse costruire un ponte e non si avesse nessun ingegnere adeguato per farlo entro l'area in questione.

Analizzando infatti il caso in cui non vi dovesse essere presenza di un tecnico\costruttore necessario per dare elaborazione\risoluzione competente all'interno dall'area della percezione, un'ipotetica problematica potrebbe teoricamente rimanere del tutto insoluta. Se all'interno delle suddette aree non dovesse trovarsi uno o più tecnici\costruttori la cui competenza sia strettamente basilare per fini elaborativi\concretizzativi, si dovrebbe quindi procedere con il coinvolgimento degli elementi necessari.

Similmente allora alla determinazione delle sinapsi in un cervello biologico, il motore di ricerca dell'organizzazione metterebbe in comunicazione le componenti mancanti per un'efficiente processazione, permettendo così di trasmettere il segnale e di farlo elaborare alla nuova cellula nervosa (Fig. 11).

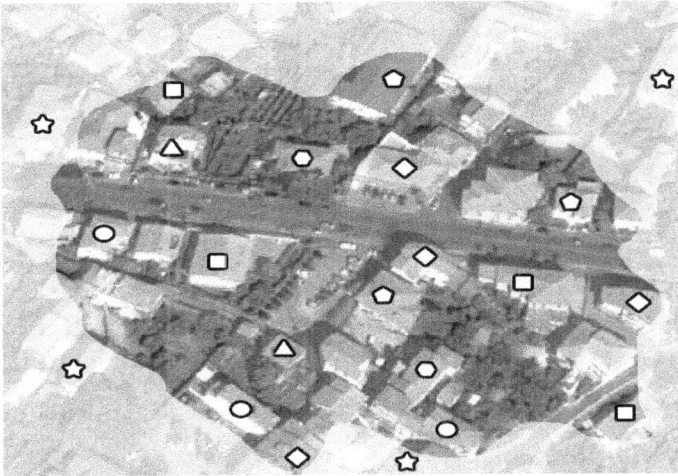

Legenda

△ Fisico	⬡ Sociologo	☆ Legale
○ Chimico	⬡ Psicologo	
▢ Biologo	⬠ Economista	

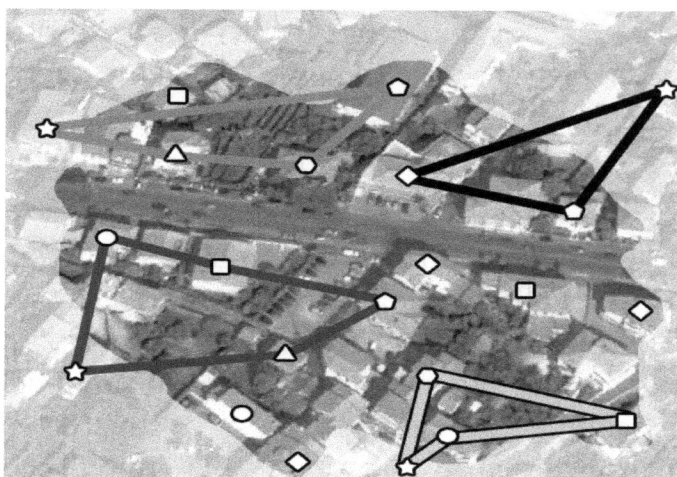

(Fig. 11) Espansione della competenza

Ogni tecnico esterno all'area di riferimento sarebbe allora l'oggetto del "consiglio" fornito ai gruppi dal software (e ai singoli) presenti nell'area d'interesse della percezione, che molto semplicemente selezionerebbe i loro nominativi in rapporto ad una semplice prossimità (oltre ovviamente alla competenza).

La ricerca compiuta dal "consiglio" procederebbe quindi fintanto che non si dovesse riscontrare il numero adeguato di tecnici\costruttori e il loro ammontare sarebbe perciò minimamente pari a 1 e crescente in rapporto ai gruppi già formati, fornendo varietà aggregative tra le varie conformazioni di tecnici\costruttori.

Alternativamente si potrebbe espandere la percezione alle zone limitrofe di pari superficie (ai comuni per le percezioni comunali, alle regioni per quelle regionali, [...]) rendendola espressiva di vincolo restrittivo per tutti quelli che si dovessero trovare in tali aree.

Concretamente parlando, se una percezione dovesse ad esempio esternare la necessità di edificare un ponte, ma all'interno della sua area d'interesse non vi fosse nessun ingegnere edile\operaio specializzato per una sua elaborazione\concretizzazione, il database "consiglierebbe" ogni gruppo già formato (o i singoli tecnici\costruttori) mettendo a loro disposizione un numero di specialisti adeguati residenti nelle zone esterne, selezionandoli accuratamente secondo la maggiore vicinanza all'area iniziale della percezione. Ognuno di quelli "consigliati" potrebbe perciò essere contattato dai gruppi già formati ed accettare l'incarico elaborativo\costruttivo che più lo aggrada, piuttosto invece che rifiutarlo.

Proprio come accadrebbe nel caso in cui si dovesse aumentare direttamente l'area della percezione alle zone limitrofe di pari superficie, il comparto tecnico\costruttivo effettivo verrebbe dunque numericamente incrementato ed i loro membri verrebbero messi in condizione di aggregarsi (volendo in modo ex novo) all'interno di un bacino d'utenza più ampio di quello iniziale, ma soprattutto ricolmo di quella competenza che prima mancava, necessaria per risolvere la percezione.

L'intera organizzazione necessita poi di ulteriori **parametri limitativi procedurali** indispensabili per conseguire un suo lineare funzionamento meccanico, inquadrabili verosimilmente come "condizioni" senza le quali si potrebbe incorrere in situazioni di contrapposizione logica dell'informazione. Tra queste ad esempio trova posto il bisogno di regolare la circostanza nella quale si dovessero riscontrare 2 o più percezioni uguali aventi area d'interesse equipollente, i cui contenuti dovessero precludere l'elaborazione\reazione o dell'una o dell'altra.

Partendo dal presupposto che tramite un'apposita compilazione delle percezioni ognuna di queste può essere catalogata in **insiemi di competenza** (paragonabili a delle directory con un preciso criterio di pertinenza nei contenuti) attraverso cui riconoscere l'estensione della problematica e ciò che punta a voler risolvere, se da una parte si dovesse proporre il bisogno di elaborare un mezzo logistico regionale e dall'altra si dovesse trovare la necessità ben più definita di costruire un treno per la medesima circoscrizione, ad una sola tra queste avrebbe chiaramente senso corrispondere un'elaborazione, mentre l'altra potrebbe invece considerarsi come una mera ridondanza.

Non si potrebbe d'altronde dare soddisfazione ad un unico problema concretizzando 2 differenti servizi, poiché si determinerebbe un superfluo dispendio di energie, di risorse e di tempo. Ciò verso cui sembra allora corretto procedere è la selezione di una tra queste, in base ad un principio combinato di valore soglia temporale (scadenza delle proposte) e precedenza nell'apposizione del voto individuale, per mezzo del quale diviene possibile presentare al corpo sociale interessato tutte le percezioni che, oltre ad avere argomentazioni di uguali contenuti, hanno superato cronologicamente prima il valore soglia necessario per la determinazione di una percezione sociale.

In altri termini, ogni problematica mostrerà una propria data di "creazione" (definita dal superamento del quorum di valore soglia necessario per giungere dalla fase 1 alla fase 2) che, a parità di area d'interesse, definirà il criterio logico con cui le persone da questa incluse dovranno votare il relativo gradimento. Quelle che dovessero scadere prima rispetto ad altre all'interno della medesima directory avrebbero quindi la precedenza di votazione nei confronti delle altre, non favorendo alcuna selezione forzata o gerarchica delle necessità, ne precludendo la possibilità di abbandonare la percezione più "vecchia" in funzione di quella più "nuova, ma incentivando invece una loro selezione in rapporto ad un ordine temporale che lascerebbe la completa libertà individuale di stabilire una concreta preferenza del bisogno da soddisfare.

Chiunque infatti, avendo piena visione delle percezioni incluse nelle "directory", potrebbe arbitrariamente decidere se cestinare la prima in favore della seconda (o viceversa), o se bloccarla (50%+1 di quorum) in un qualsiasi momento. Perciò, nel caso in cui più percezioni con uguale contenuto (che dovessero definire la necessità di una medesima reazione) dovessero raggiungere una sufficiente approvazione per giungere alla fase 2, quella che da un punto di vista cronologico dovesse risultare la più vecchia prenderebbe il sopravvento su quelle successive, semplificando enormemente il procedimento di selezione delle percezioni.

Se poi i voti negativi in proporzione all'area d'interesse dovessero oltrepassare la quantità necessaria per consentire a quelli approvativi di far giungere la percezione alla fase 2, non sarebbe chiaramente più necessario attendere lo scadere del valore soglia temporale con lo scopo di eliminare l'ipotetica proposta.

Altro e distintivo elemento procedurale è la necessità di fornire precedenza alle proposte in base alla dimensione della loro area d'interesse, col fine di produrre i benefici derivabili da un'augurata "standardizzazione" delle reazioni. Dato infatti che le proposte con uguali contenuti (riguardanti il medesimo problema condiviso) possono presentarsi agli elettori in circoscrizioni di ampiezze diverse, perché mai non si dovrebbe tentare di risolverle contemplando una loro estensione più grande possibile? Perché non dovremmo prediligere quella con un'area d'interesse più estesa, in modo da incrementare l'efficienza totale dell'organizzazione in funzione dell'aumento del bacino d'utenza tecnica e della concentrazione degli sforzi elaborativi\reattivi verso un'unica problematica comune? Non converrebbe provare a protendere verso l'unificazione della reazione?

Considerando che maggiore sarà la superficie interessata dalle percezioni e più grande sarà il numero di persone in essa incluse, osservare con un occhio di riguardo le percezioni più estese non diviene forse sinonimo di pervenire ad una elaborazione\reazione più massiccia, più ricca e più competitiva possibile?

Ricercare ad esempio un'unica soluzione per la progettazione di una linea ferroviaria (percepita magari nelle regioni e nei comuni) capace di connettere un'intera nazione, adoperando per essa tutta la "potenza di calcolo" presente nel comparto elaborativo dell'area d'interesse nazionale, anziché adottare soluzioni sempre differenti tra loro, non risulta infinitamente più efficiente dell'elaborare soluzioni per il medesimo problema in modo frammentario (ogni comune\regione per sé)?

Prediligere la percezione che tra quelle di medesimo contenuto ha una superficie più elevata, non esprime forse la volontà di protendere il più possibile verso una standardizzazione del servizio ferroviario, permettendo ai suoi possibili fruitori di non rimanere disorientati di fronte alle eventuali differenze derivabili da soluzioni che potrebbero essere eterogenee tra loro? Non consentirebbe ai futuri manutentori\operatori di conoscere un unico tipo di modalità d'intervento su di un territorio più espanso possibile? A questo poi, si affiancherebbe un unico tipo d'istruzione per la formazione degli addetti specializzati, un'unica serie di attrezzi da lavoro necessari per le riparazioni, un unico regolamento normativo vigente e tutte le altre caratteristiche riscontrabili dalla derivazione di una standardizzazione\unificazione di un determinato servizio.

Le percezioni con un uguale contenuto ma con area d'interesse più espansa si trovano quindi ad assumere una posizione di precedenza rispetto a quelle con area più piccola. Le persone allora, dovranno necessariamente disporre di tutte le percezioni (interne alle rispettive directory) che, presentate loro dal software seguendo un criterio d'ampiezza d'area a queste interessata, esporrà la problematica esposta nella sua versione più espansa, aumentando le possibilità per quelle con ampiezza d'area maggiore di raggiungere un quorum più cospicuo. Così facendo, le percezioni che dovessero apparire agli utenti mostrando una problematica potenzialmente condivisibile avrebbe chiaramente più possibilità di raccogliere un consenso sufficiente per dare inizio ad un'elaborazione\concretizzazione su di una scala più grande.

Se l'utente dovesse quindi condividerne i contenuti, per lui sarebbe senz'altro per più facile ed intuitivo apporre il proprio voto su di quella con area più grande (che verrebbe visionata con precedenza rispetto alle altre), permettendo di incrementare l'unificabilità dell'ipotetica soluzione. L'elettore infatti, nel votare le varie percezioni d'uguale contenuto, esaminerebbe dapprima quelle più grandi, ed in caso di un suo mancato interesse (derivabile anche da una diversità di significato della percezione ai vari livelli d'estensione), potrebbe discrezionalmente procedere con la valutazione di quelle con area d'interesse più piccola, rimanendo libero di scegliere in quale modo soddisfare le proprie necessità.

Ovviamente, nel caso in cui più percezioni interne alla medesima "cartella" dovessero superare il quorum necessario per passare dalla fase 1 alla fase 2, la precedenza ricadrebbe su quella con area più grande.

Non per ultimo ricordiamo che l'utilizzo di una "piattaforma decisionale" come l'O.B.S. permette di "interpellare" un cervello artificiale dotato d'arbitrio che, date le sue caratteristiche di espressione coscienziale, se in completa libertà potrebbe teoricamente produrre aspetti diametralmente opposti a quelli in linea col rispetto individuale dei membri del corpo sociale. Esattamente come accade per un cervello biologico, l'organizzazione biosociale risulta infatti capace di produrre azioni frutto di un pensiero ben conformato, la cui propensione può evidenziare tanto comportamenti meravigliosi quanto altri di profonda malvagità, dipendenti dal "criterio" con cui le "cellule uomo" intraprenderanno le scelte che l'organismo sociale compierà.

Come afferma lo psicologo informatico statunitense e premio nobel per l'economia, Herbert Simon nell'esposizione della sua "razionalità limitata", "ogni individuo o gruppo di essi ha dei criteri a cui fa riferimento per compiere delle scelte. Quest'ultime quindi non avvengono in completa libertà, bensì tramite logiche limitativo\restrittive" che delimitano le azioni possibili (qualsiasi azienda ad esempio è vincolata ad aumentare le sue entrate e a diminuire le proprie uscite, ed intraprenderà solamente quelle azioni che rientreranno entro i termini stabiliti da tale parametro). Analogamente al biologico, l'organismo sociale utilizza un criterio che vincola le proprie elaborazioni tramite una limitazione del campo d'imprese percorribili che, a seconda della visuale da questo concessa, concretizza indistintamente opere etichettabili come benevole ed altre invece considerabili come malevole.

Di conseguenza, il suo orientamento risulta indispensabile ai fini di garantire delle elaborazioni\reazioni reputabili "appropriate" in senso aprioristico, poiché solo valutandole prima del loro manifestarsi sarebbe possibile prevenire un ipotetico e potenziale danno.

Dato dunque che un'organizzazione sana e con dei validi principi nasce con lo scopo di concedere a tutti eguali diritti e delle pari opportunità, per i nostri scopi deve obbligatoriamente comporsi un elemento "limitativo" che non consenta ad esempio la "perdita" di alcun individuo in funzione di un "bene più elevato" (per cui si potrebbe erroneamente pensare che i diritti collettivi siano più importanti di quelli individuali), cosicché non si possa verificare alcun omicidio legalizzato od un danneggiamento collaterale di qualsiasi tipo. Serve, in altri termini, una limitazione del criterio sociale (paragonabile ad una lobotomia che consentirebbe un agire "mono – benefico" dell'organismo sociale), attraverso cui si possano determinare soluzioni unicamente sottese ad incentivare il rispetto della vita sia individuale che collettiva (e dell'ambiente), ed imperniare i valori dell'intera società su quelli appartenenti all'uomo in senso lato anziché verso la tutela di qualsiasi altro ipotetico feticcio (quale ad esempio può esserlo l'economia).

A tal riguardo notiamo allora l'esigenza di una base normativa con cui riuscire ad estrinsecare dei "recinti invalicabili", per mezzo dei quali si possa garantire ad ogni persona la "sicurezza" di non poter incorre in azioni condivise potenzialmente auto lesive e che non contemplino magari un'elaborazione ingiustamente vantaggiosa per alcuni o svantaggiosa per altri. Ciò che si avverte è tramutabile nella necessità di implementare un "rigido vincolo morale" del cervello sociale (applicato per regolare il funzionamento della procedura organizzativa), nel senso che non possa essere circuito né tantomeno sorpassato, capace di incarnare una solida fondamenta "orizzontale" sopra alla quale possano trovare posto tutte le altre ed ulteriori "edificazioni verticali".

In accordo con i canoni di una struttura trasversale ci si accorge pertanto che una problematica di questo genere riguarda perfettamente ogni area amministrata, ed in sua diretta concausa si rende doveroso l'usufrutto di una fascia normativa inquadrabile come "primaria" svolgente un ruolo di "passepartout", valido per ogni luogo e per ogni tempo, attraverso cui consentire un riferimento riconosciuto ed universale sotteso a definire ciò che rappresenta il frangente verso cui si possa generalmente procedere in ambito elaborativo\reattivo. Lo scopo di tale regolamentazione volgerebbe perciò a considerarsi come una "condizione" necessaria per il funzionamento "benevolo" o "forzatamente rispettoso" dell'intera organizzazione, la cui attività lascerebbe agli uomini la concreta possibilità di spaziare nelle loro azioni senza permettere nessuna capacità di intraprendere decisioni potenzialmente sbilanciate.

Sebbene questo tipo di normative dovrebbero certamente selezionarsi per mano dell'intero corpo sociale (con un questionario generale?), compiere un percorso di scrematura delle loro possibili varianti potrebbe risultare tuttavia solamente un'ulteriore quanto inutile perdita di tempo. Se le uniche leggi candidabili a rivestire tale compito dovessero infatti essere identificate all'unanimità in quelle che dovessero consentire la tutela dell'essere umano (per via del ruolo uniformemente riconosciuto di giustizia ed indispensabilità che dovrebbero propugnare), la loro espressione dovrebbe necessariamente collimare con quelli che attualmente vengono definiti come i "diritti individuali fondamentali dell'uomo" (a cui potrebbero annettersi anche quelli di tutela dell'ambiente e cosi via).

Questi, che possono essere riconosciuti in qualità di "assiomi naturali" la cui scritta enunciazione corrisponde a dei punti fermi validi tanto per ogni individuo quanto per ogni gruppo da questi conformato, mostrano pertanto le carte giuste per sagomare lo "zoccolo duro" con cui regolare la questione "morale" del cervello sociale e dell'iter procedurale, a causa di una loro esplicita imprescindibilità.

Usufruendone si definirebbe un sistema saldamente ancorato ad una base normativa standardizzata e condivisibilmente ben omogenea, per mezzo dei cui principi ogni tipo di elaborazione\reazione potrebbe trovare un punto di riferimento normativo con cui riuscire a svilupparsi senza manifestare contrasti dovuti ad una loro ipotetica mancata compatibilità.

Se tra questi dettami naturali si dovesse ad esempio trovare la norma di "non uccidere" (che è chiaramente presente), diverrebbe chiaro che nessun tipo di processazione relativa alle fasi 2 e 3 potrebbe volgere alla risoluzione di una data percezione contemplando un omicidio più o meno diretto (non si potrebbe ad esempio edificare una centrale nucleare).

Costituendo quindi la base su cui poggiare l'intera funzione giudiziaria\processuale, tali normative troverebbero allora traduzione in una sorta di "ispirazione" osservata da ogni tecnico\costruttore, che autonomamente (a priori) conoscerebbe queste fondamentali leggi del buon senso a cui fare riferimento per svolgere la propria mansione elaborativa\reattiva, e successivamente si perfezionerebbe per mezzo di un diretto affiancamento tecnico\legale all'interno dei gruppi di lavoro, il cui indispensabile agire sarebbe implicitamente capace di indirizzare l'andamento dell'intera elaborazione sia nella fase preventiva che in quella progettuale (anche negli spazi di discussione tecnica).

Di conseguenza, oltre ad avvalersi di tali figure specializzate e ad essere perfettamente responsabile del lavoro che andrà a conseguire (la cui mancata compatibilità nei raffronti delle norme naturali garantirebbe immancabilmente una corrispettiva perseguibilità giuridica), ogni gruppo diverrebbe improntato all'esecuzione di azioni delimitate entro un preciso *range* legale, tramite cui si otterrebbero dei parametri fissi ed immutabili verso cui fare riferimento col fine di produrre\bloccare determinate proposizioni nelle discussioni relative ad ogni rispettiva sottofase (2.1 e 2.2),.

In aggiunta a tali leggi naturali, che ostituiscono lo "scheletro rigido" dell'organizzazione e che per loro natura possono unicamente riguardare tematiche macroscopiche (regolando a maglia larga una qualsivoglia percezione), sono ovviamente necessarie altre norme di tipo "artificiale" al fine di rispondere a problematiche più locali, come ad esempio le attuali norme comunali, provinciali, [...].

A causa della loro endemicità queste tuttavia necessitano di una maggiore flessibilità rispetto alle prime, poiché mentre da una parte si regolano in modo invalicabile tutte le azioni possibili dell'organismo sociale, dall'altra si hanno insiemi di codici che dipendono sia dal luogo che dal tempo considerato. In altri termini, le norme artificiali si costruiscono nel rispetto di quelle naturali ed in base alle diverse esigenze locali. Queste dunque non dovranno avvalersi di un percorso preferenziale apposito per essere elaborate ed applicate, ma per loro conformazione seguiranno semplicemente la consueta procedura organizzativa delineata (fase 1, 2, 3).

Le "regole" infatti divengono necessariamente l'espressione di una percezione sociale, nel senso che provvedono solamente a risolvere una problematica percepita, mentre non possono assolutamente rappresentare un vincolo automaticamente imposto a priori (come da struttura verticale), il cui rispetto debba unicamente riscuotersi per mezzo di un'incalzante ed abitudinaria coercizione. A differenza degli ordinamenti vigenti, l'organizzazione biosociale consente pertanto di accorpare ogni regolamento all'interno di una semplice problematica procedurale, in modo da trattare le norme per quello che realmente costituiscono, ossia dei parametri voluti e votati dalle persone, per il cui tramite possano essere risolti dei bisogni realmente avvertiti (concetto diametralmente opposto a quello dato dalla prassi attuale, in cui pochi legiferano a propria discrezione).

Annotazioni generali

In conclusione, sebbene sotto un determinato profilo tale assetto sociale possa apparire accostabile ad una soluzione già contemplata dagli studi di Proudhon, per cui l'organizzazione dovrebbe prevedere delle comunità indipendenti capaci di interagire tra loro ed essere in grado di confederarsi con le altre all'occorrenza, l'organizzazione di tipo confederale che si otterrebbe non risulterebbe essere relegata solamente alle circoscrizioni di tipo comunale, bensì anche a delle zone decisamente più vaste. In questo senso perciò, si va delineando un **federalismo integrale virtuale** capace di preservare le diversità e di premiare la cooperazione, favorendo allo stesso tempo lo scambio dei memi con cui risolvere le determinate questioni presenti nelle diverse endemicità. Oltre a questo, si conserverebbe intatta la volontà\possibilità di unificare le reazioni senza farle mai risultare eccessivamente invasive nei confronti di chi invece non dovesse sentirsi incluso in una data problematica.

Al di là dei risvolti d'ispirazione biologica notiamo inoltre che tutta l'organizzazione delineata possiede un senso autonomo di funzionamento strutturale, nel senso che nonostante usufruisca in ampia misura dell'accostamento con le teorie organicistiche, dalle quali cerca di ricavare dei principi d'osservazione biologica utili per la determinazione sia di una meccanica procedurale, che di una conformazione del lavoro efficiente, detiene una propria indipendenza logica di funzionamento. Questo significa che se un domani dovessimo (per assurdo) scoprire che il funzionamento di un cervello organico si dovesse avvalere di procedure diverse da quelle fino ad oggi studiate, tutta la l'organizzazione manterrebbe indifferentemente inalterata la propria funzionalità, poiché i basamenti su cui verte trovano infatti fondamento su ragionamenti razionali che ne giustificano la conformazione.

Tale sistema poi, non vuole porsi come un assioma da rispettare ed applicare immediatamente con rigore, ma semplicemente come una nuova "base meccanica di partenza" su cui sviluppare sia l'intera strutturazione governativa, che tutte le differenti endemicità\necessità ad essa annesse. Fermo restando una praticità nell'utilizzo di questo tipo d'organizzazione dell'informazione e dei poteri istituzionale, le varie componenti che la compongono potrebbero essere chiaramente del tutto rivisitate.

E' doveroso inoltre tener di conto che ogni luogo mostrerà delle proprie specifiche connotazioni ed abbisognerà conseguentemente di soluzioni più o meno localizzate che puntino a risolvere le svariate e diverse esigenze. Sapendo quindi che come disse Darwin, "La funzione crea l'organo", usufruendo di una simile organizzazione diviene possibile istituire degli appositi apparati in relazione a bisogni tra loro differenti capaci di automatizzare\smaltire ulteriormente la meccanica di funzionamento sociale, (basti pensare ad un ufficio appositamente incaricato di monitorare la sanità in un dato luogo, [...]), in modo che tutto evolva il più possibile verso una massima ed indipendente specializzazione dei compiti.

Ogni posto allora, identificabile ad esempio con un comune, una regione e via discorrendo, potrebbe essere abilitato alla determinazione (tramite procedura) di meccanismi\apparati (verticalità) che si "edificherebbero" al di sopra dell'orizzontalità delineata, sfruttando una base dal funzionamento universale ed onnipresente valida per qualsiasi territorio, per dare vita a delle endemicità che troverebbero posto solamente in determinate e precise aree.

Un'organizzazione come questa consente perciò l'innovativo abbattimento di ogni tipo di confine per lasciare spazio a delle uniche percezioni condivisibili. E' un sistema che non necessità di nessun tipo di votazione referendaria sottesa ad una sua esplicita implementazione, poiché per mezzo della sua conformazione questa può agire manifestando il comportamento dell'organismo sociale al solo raggiungimento di un quorum qualificato (2\3, 3\5 o 7\10), cosicché se in un'ipotetica area dovessero trovarsi 5 persone, fintantoché almeno 3 di loro non dovessero attivamente prendere parte all'organizzazione, non sarebbe per loro possibile attivare i rispettivi valori soglia, e passare quindi dalla percezione alla concretizzazione.

Tuttavia, nel caso in cui queste 3 dovessero decidere di integrarvisi, che bisogno ci sarebbe di dimostrare una maggioranza per mezzo di una classica votazione? Considerando unicamente quell'area, vi sarebbe infatti una chiara prevalenza di consenso per tale forma governativa, ed O.B.S. sarebbe perciò in grado di subentrare ed "attivarsi\attivare" l'organismo sociale in modo autonomo, senza chiaro bisogno di manifestare il "passaggio" da una forma governativa all'altra come in passato.

A quel punto sarebbe molto semplice riuscire a sostituire le abitudini malsane di vita create dai governati trascorsi, poiché al principio del suo primo utilizzo tutto rimarrebbe esattamente identico a come siamo abituati adesso, e gradualmente verrebbe poi modificato ad opera dell'intero corpo sociale.

Per finire, una forma altamente decentrata come O.B.S. consente la concreta possibilità di minimizzare ogni forma di ipotetico controllo da parte di un'esigua minoranza su di una maggioranza. Il suo utilizzo azzererebbe anche qualsiasi tipo di spesa burocratica o politica, che non verrebbe più eseguita da degli individui richiedenti denaro, bensì da chiunque a casa propria, dal cellulare o da delle semplici interfacce disposte nelle città come delle cabine del telefono (o in degli appositi edifici), prospettando un mondo del tutto agibile privo di code e di corruzioni, in cui l'uomo finalmente sarebbe al centro di tutto, quanto l'artefice di sé stesso.

Piattaforme complementari

Al di là delle indiscusse implicazioni derivabili dall'adozione di una forma governativa fondata su di una piattaforma virtuale, che faccia piacere o meno, il frangente verso cui il futuro istituzionale mostra una certa propensione ricade sicuramente nell'online (il famosissimo ed attualissimo e-government). Nonostante agli occhi di molti possa apparire come il frutto di pensiero fantapolitico, o addirittura di quello fantascientifico, forme telematiche di organizzazioni decisionali sociali stanno compiendo i primi passi sicuri verso la loro prima applicazione stabile.

Tra questi ad esempio trova posto **LiquidFeedback**, ossia una piattaforma decisionale creata dal Partito Pirata tedesco capace di consentire ai suoi membri tesserati sia la piena partecipazione alle discussioni, che l'intervento diretto nella filiera programmatica. Tale applicazione, che fonda i suoi prodromi sul principio della democrazia liquida postulata dal partito nel 2007, cioè su di un sistema ibrido di decisione intrapartitica in grado di assegnare una priorità alle mozioni da affrontare, dipinge rivoluzionariamente un quadro in cui tutto viene stabilito dall'intero corpo sociale, cosicché le persone possano votare direttamente o delegare altri soggetti più preparati (sulla materia presa in esame) a propria discrezione.

Il concetto di delega contemplato, che sopraggiunge in conseguenza all'inaccettabilità dell'impossibilità di influenzare le decisioni dei partiti ad opera di coloro che ne sono iscritti, descrive una figura istituzionale che può essere revocata in qualsiasi momento, tutelando il cittadino nel qual caso i risultati dei rappresentanti in carica non dovessero corrispondere alle aspettative desiderate (simile a democrazia SDC).

LiquidFeedback punta quindi sia sullo sviluppo di una griglia di valutazione meritocratica delle singole competenze, che sull'impegno dei membri interni al partito, in modo che non sussista più alcuna gerarchia abilitata a pilotare in modo esclusivo le decisioni che sono invece di natura condivisa.

Come infatti spiega Christopher Lauer, responsabile del progetto, la volontà di edificare questa piattaforma è da rintracciare nella "necessità di trovare un metodo che garantisca partecipazione e trasparenza nel processo decisionale". Ogni decisione sociale è pertanto stabilita per mezzo del metodo **schulze** che incarna, nella sua complessità, le caratteristiche di un sistema di valutazione dei voti elaborato da Mark Schulze nel 1997, il cui funzionamento provvede alla selezione di un singolo vincitore seccndo la processazione dei voti di preferenza espressi.

Tuttavia, nella recentissima storia del suo debutto tale piattaforma non ebbe assolutamente vita semplice. Questa infatti relegò il proprio futuro nelle mani di coloro facenti parte di un governo già consolidato che, una volta superato l'entusiasmo iniziale (se mai dovesse esserci stato), accantonarono definitivamente la volontà di utilizzarla a causa del proprio timore, dovuto all'eccessiva complessità del metodo su cui si basava, (oltre che dalla facoltà di modifica delle mozioni che gli utenti avrebbero potute sfruttare) a loro avviso eccessiva.

L'ipotesi venne quindi scartata, ma nonostante tutto si scelse di utilizzare una sua variante tristemente meno articolata (**Audhocracy**), il cui software, seppur sempre basato su di un concetto di democrazia liquida, esclude puntualmente il principale punto di forza della versione ammiraglia, ossia la delega.

Entrambe le piattaforme costituiscono certamente un incredibile passo in avanti nei confronti delle organizzazioni ad oggi vigenti, anche se a ben vedere sono e rimargono frutto di un mondo di natura "riparatoria" che, per mezzo di modifiche fittizie, cercano di rappezzare le disparate ed incontenibili crepe di un muro ormai completamente fatiscente. Queste infatti non discostano dalla visuale partitica nel panorama politico e di conseguenza non scansano ancora, anche se per poco, la verticalità della struttura governativa (che continua a contemplare l'utilizzo di rappresentanti). Necessariamente allora, le facoltà partecipative restano relegate ad un'ottica organicistica di tipo classico e non concedono, per pura concausa, una più espansa capacità percettiva, elaborativa, reattiva appartenente invece ad un migliore organicismo "moderno".

Seppur in ambito sperimentale, entrambe vengono inoltre concepite per regolare delle singole nazioni, anziché per amministrare una popolazione eterogeneamente disposta su di un territorio decisamente più grande (mondo). Permangano perciò confini immaginari, laddove dovrebbero unicamente esistere interessi o necessità dal gradimento più o meno condivisibile.

In conclusione, l'operato del partita pirata tedesco deve certamente essere premiato, poiché rappresenta un'ottima idea di sviluppo che incarna l'inizio di un implemento, d'ora in avanti sempre più massiccio, dei componenti organizzativi nel campo dell'online. Benché possa ancora apparire in fase di prova ed abbastanza timido nelle sue pretese rispetto all'O.B.S., il lavoro svolto dai tedeschi riscuote ad oggi un incredibile successo (ovviamente non pubblicizzato) e risulta capace non tanto di ricombinare completamente lo schema del potere costituito, quanto di inserire un qualcosa laddove prima non c'era. In questo senso, proprio come per quanto accaduto con tutte le scoperte umane, l'umanità potrà approdare sulla punta di un nuovo iceberg, la cui ricerca e conoscenza modificherà radicalmente la vita dell'uomo, traducendosi in un progressivo assorbimento dell'intera organizzazione istituzionale (anziché di quella unicamente partitica).

Questo allora rimane un percorso doveroso se non addirittura indispensabile, poiché nonostante il suo "approccio graduale" risulta inesorabilmente capace di insegnare un meme migliore (relativo all'organizzazione) a tutti coloro che oggi non avvertono una potenzialità così grande nei confronti di internet, o che magari potrebbero esserne ancora alquanto scettici.

Successivamente a LiquidFeedback, vediamo poi un progetto di portata decisamente più vasta che si pone l'obiettivo di ridisegnare completamente l'assetto sociale umano, proponendo dei piani di cambiamento di tipo molto profondo il cui fine sembra orientarsi verso una più nuova società globale, pacifica e sostenibile. Il suo fondatore, Jacques Fresco, è un designer statunitense che trova impiego nel design architettonico\ingegneristico industriale e nell'ingegneria sociale, campi entro cui impone la propria presenza in qualità di futurista, di autore, di conferenziere, di inventore e di pioniere. I suoi lavori trovano posto in un ampio numero di aree che spaziano dalle innovazioni biomediche ai sistemi sociali integrati, dove la sua visione ottimista e il suo desiderio di creare soluzioni capaci di dare il massimo beneficio al maggior numero di persone possibile, riescono ad incidere in modo incredibilmente profondo.

Venus project, questo è il nome del suo progetto, nasce verso la metà dagli anni '70 in parallelo con l'organizzazione no profit "Future by Design", in collaborazione con Roxanne Meadows. Al suo interno troviamo elementi dall'impatto decisamente radicale, orientati non tanto verso una ristrutturazione delle modalità del vivere sociale, bensì verso una sua completa riprogettazione.

Venus Project tiene in alta considerazione la visione di quello che potrebbe essere il futuro dell'umanità nel caso in cui le conoscenze possedute dall'uomo dovessero essere applicate per il perseguimento di finalità costruttive. Nel suo quadro infatti si punta ad ottenere un mondo civilizzato e sostenibile, all'interno del quale concetti come la guerra, la povertà, la fame, il debito e l'inutile sofferenza oggi vigenti non siano solo visti come evitabili, quanto soprattutto come inaccettabili. "Qualsiasi altra soluzione meno ambiziosa", afferma il movimento Zeitgeist (che è la parte del progetto incaricata della sua realizzazione empirica) "risulterà in una continuazione disastrosa dei problemi del mondo d'oggi, che sono inerenti ad esso stesso. Lo scopo", per usare le parole degli attivisti, "è quello di incoraggiare un sistema d'incentivi basato sul beneficio sociale\ambientale e di evitare gli egoistici obiettivi provenienti della ricchezza individuale, della proprietà e del potere, che permetta la piena realizzazione individuale sia sul piano materiale, che su quello spirituale".

Considerato l'orientamento dei suoi obbiettivi, vediamo che il progetto si pone in un ambito del tutto nuovo anche per quanto riguarda la gestione del processo decisionale sociale. Venus Project prevede infatti un mondo in cui gli uomini traggano costante beneficio dalle macchine da loro create, che non limiterebbero il loro operare alla sola funzione di aumentare il potere costruttivo, o la mobilità piuttosto che i servizi biomedici umani, [...], ma che si estenderebbero ulteriormente anche negli ambiti organizzativi, presupponendo un pieno appoggio delle tecnologie disponibili per la creazione della reazione alle decisioni condivise e relegando all'uomo la competenza intenzionale di "scelta" con cui utilizzarle all'inizio o\e al termine del funzionamento procedurale.

Le macchine perciò mostrerebbero una ingerenza decisamente elevata all'interno dell'organizzazione, poiché diverrebbero capaci di calcolare tutte le soluzioni alle percezioni commissionate dall'uomo, senza risultare depositarie di alcun potere.

Per essere più chiari possibile sul grado d'ingerenza che nell'organizzazione avrebbero le "decisioni" intraprese dalle macchine, potrebbe forse essere il caso di riportare un esempio pertinente.

Proviamo ad immaginarci un sacco di patate, che se dovesse essere pesato da un braccio d'uomo potrebbe orientativamente pesare circa 2,5 kg. Alternativamente al braccio si potrebbe invece utilizzare una bilancia e definire così il relativo peso in un modo molto più accurato, che potrebbe convenzionalmente stabilirsi attorno ai 2,351 kg. Come si potrebbe osservare, la "decisione" della definizione del peso sarebbe chiaramente stata intrapresa dalla bilancia, che avrebbe avuto la capacità di conoscerne l'ammontare effettivo, ma l'intenzione relativa all'azione del "voler pesare" sarebbe invece provenuta dall'uomo, che avrebbe utilizzato lo strumento specifico con delle precise finalità (pesare le patate), avvalendosi della tecnologia come se fosse un'estensione della propria individualità.

Le macchine allora verrebbero utilizzate con la stessa intenzionalità che si avrebbe nei confronti di un utensile, costituendo (secondo i creatori di Venus Project) gli "agenti migliori" selezionabili dall'uomo per la determinazione di una scelta di tipo tecnico, sia basata sul maggior numero di informazioni possibili, che sul modo con cui queste potrebbero essere combinate tra loro. Ciò che quindi si definirebbe sarebbe una nuova forma di amministrazione umana, realizzata per mezzo di un computer connesso alla rete globale (piattaforma online).

Sebbene la volontà di Venus Project sia quello di facilitare e di rendere il più possibile accessibile\indipendente l'elaborazione delle necessità percepite dagli uomini, ossia di non attribuire nessun potere nelle mani di alcun individuo in particolare per mezzo di una completa automazione, la sua attuazione pratica sembra decisamente lontana dall'essere applicata.

Nella versione definitiva di tale progetto si prevede infatti uno scenario in cui le macchine gestiranno per intero le problematiche relative all'uomo, comprensive di amministrazione territoriale, sociale, alimentare, energetica […], in modo da presentare un quadro in cui le percezioni non verranno più unicamente introdotte dall'uomo e successivamente calcolate dai computer, bensì saranno liberamente e direttamente "sentite" dall'automazione implementata, relegando agli umani una sola possibilità d'intervento (anche se non ancora definita nelle sue ultime modalità).

Venus Project costituisce quindi un progetto (considerabile una filosofia di pensiero allo stato attuale) al di fuori dagli schemi oggi visibili, ma che al contrario di quelli tedeschi sembra ancora davvero vago sulle linee della sua piena applicazione. Sebbene raccolga una quantità di materiale decisamente consistente (per cui vi sono una quantità indefinibile di progetti relativi a strutture\città ecologiche autosufficienti, a trasporti auto alimentati e a tecnologie futuribili), non esiste alcun programma di riferimento dell'iter procedurale, non esiste l'algoritmo che dovrebbe consentire all'uomo di effettuare le proprie domande alle macchine, non esiste un funzionamento istituzionale prestabilito, non esiste una forma di partecipazione sociale per la determinazione delle decisioni condivise, non esiste la procedura della trasformazione in reazione delle soluzioni proposte dalle macchine, non esistono relazioni ad aree territoriali (per cui le soluzioni, magari anche di tipo legale, interessano sempre tutti?), non esistono analisi strutturali, ne criteri di sostegno da cui trarre un fondamento di impeccabile funzionalità (come ad esempio la biologia).

Il lavoro compiuto dai membri di Venus Project (includendo Zeitgeist movement) è tuttavia di incredibile portata e non si sarebbe del tutto sinceri se lo si dovesse "etichettare" come un qualcosa di poco "aperto" o dalle aspirazioni limitate ad un mero ideale sul genere tecno - politico. Questo infatti non mostra pretese arroganti, né pone obbiettivi assoluti, ma anzi sprona ogni individuo a parteciparvi con un proprio libero contributo per il fine di risollevare il proprio mondo dalle catastrofiche condizioni in cui si trova. Nonostante il suo massimo apogeo possa essere trovato nell'abbattimento del sistema economico vigente e nella sua pronta sostituzione, la progettualità relativa all'amministrazione sociale a noi più cara risulta purtroppo in una fase ancora del tutto altalenante e dalla vaga identità (diciamo pure inesistente).

Sebbene perciò Venus Project appaia ricco di iniziative concrete con cui poter ribaltare l'asse delle scelte fino ad ora malsanamente compiute, la sua piena applicazione può unicamente essere vista come la conseguenza programmatica di un'innovazione del sistema organizzativo umano, tramite la quale tutte le decisioni potrebbero realmente trovare un consenso ed un potere necessario per essere applicate. Il loro quindi non è un primo passo da compiere, ma solamente una conseguenza da applicare in seguito ad un'innovazione amministrativa.

Ciò che allora ci si propone per quanto concerne l'organizzazione biosociale non è di assumere una posizione di contrasto o competizione nei suoi confronti, bensì di mostrare una plausibile collaborazione (esattamente come per il partito pirata tedesco) che gioverebbe indiscutibilmente all'intero progetto, poggiandolo su di una solida base istituzionale da cui successivamente scegliere di sviluppare quanto fin ora elaborato.

Prescindendo poi dalla forma governativa che si andrà ad utilizzare, ogni progetto istituzionale futuro punterà logicamente a conformare un unico governo di tipo mondiale (considerando ovviamente anche l'NWO, le cui caratteristiche possono essere riscontrate sia nei progetti dei governi attuali, che nel decantato Venus Project). I cittadini che lo vedranno nascere e che lo popoleranno saranno inesorabilmente partecipi di un cambiamento che, sebbene graduale, unificherà i vari popoli tra loro, costituendo un solo paese, con una sola bandiera, sotto un unico cielo.

Come affermò il senatore americano James Warbung, "Che lo si voglia o no avremo il governo mondiale. La sola questione che si pone è di sapere se questo sarà stabilito con il consenso o con la conquista".

In fin dei conti l'unione dei popoli risulta costantemente visibile nella storia dell'uomo (con o meno la presenza di conflitti) e se dovessimo guardare verso un panorama futuro relazionato agli accadimenti trascorsi, potremmo sicuramente constatare che la probabilità che un'ultima unificazione umana si verifichi sarebbe certamente elevatissima.

A questo punto però, dato che ci sono forti possibilità che tale evento si compia, la domanda principale da porsi potrebbe riguardare la prospettiva con cui l'uomo ha intenzione di entrare in questo nuovo e decisivo capitolo della sua razza. Basti infatti osservare che tali ideali unificativi, al di là della loro lungimiranza e nobiltà, vennero predicati anche da persone come Adolf Hitler ("Un solo mondo, un solo stato, una sola guida").

Ciò che dobbiamo notare è che un qualsiasi "passo" intrapreso verso una futura unificazione potrebbe fondamentalmente rivelarsi un arma a doppio taglio per l'intera umanità, poiché come sempre accadde, da un lato (buona fede) si potrebbe finalmente liberare gli individui da un servilismo legittimato, ma dall'altro (mala fede) potrebbe invece schiavizzarli ulteriormente sotto l'egida di un nuovo grande ideale, stavolta magari di tipo prettamente teosofico.

Per gli uomini pertanto diviene indispensabile non lasciarsi trasportare dagli eventi come in passato, incitati da chissà quale bocca carismatica, ed iniziare invece a ragionare criticamente su che tipo di mondo hanno seriamente intenzione di costruire.

Hitler, benché abbia avuto degli ideali malati (appartenenti alla società thule, [...]), non avrebbe mai avuto la forza di portarli a termine da solo, ma vi riuscì unicamente per via dell'utilizzo più o meno consensuale dei poteri conferitogli da tutto il popolo tedesco, che gli concessero la "forza" di agire legittimando le proprie azioni (si sentiva "protetto" e "prescelto"). Se prima di divenire cancelliere si fosse anche solo azzardato ad uccidere un'unica persona (ebrea, gitana, [...]), le guardie dell'epoca di sicuro lo avrebbero messo in prigione per omicidio e ancor più certamente avrebbero buttato via la chiave.

Tuttavia, dopo aver acquisito una carica autocratica dal potere innaturale ed illimitato, tutte le sue azioni ebbero la legittimazione per incarnare la volontà di milioni di individui, motivo per cui uccidere un ebreo (o compiere qualsiasi altra insensata) non rappresentò più un qualcosa al di fuori del "normale".

A discapito perciò di come si sia abituati a ragionare, il margine più ampio di colpa per l'accaduto mondiale appartiene a coloro che legittimarono un siffatto programma (Hitler avrebbe potuto dire ciò che voleva senza riscontrare alcun consenso) e che accettarono tutto quello che l'organizzazione da lui proposta (velatamente imposta) gli imponeva. Sebbene potremmo concedere loro una scusante, dovuta ad una propaganda massificata e ad un'artificializzazione dell'ambiente informativo, per cui a testimonianza dei reduci "le parole del Führer sembravano dotate di magia" e la "germania nazista sembrava un sogno divenuto realtà", nessuno degli uomini di quel tempo seppe addossarsi la responsabilità di quel che di li a poco sarebbe accaduto per loro mano.

Puntare allora ad unificare i popoli potrebbe senz'altro avere i suoi pregi, se lo si facesse con intenzione strettamente matura e criticamente ragionata, ma potrebbe mostrare i suoi difetti se in un stato di distrazione si accettasse con superficialità una condizione qualsivoglia sbagliata (magari ottenuta per mezzo di una forte manipolazione consensuale).

A prescindere dal fatto tuttavia che un obiettivo condivisibile dominante valido resta e rimane comunque valido, al contrario dei tempi passati l'uomo non dovrà più solamente limitarsi ad essere "coinvolto" da un disegno altrui, ma dovrà necessariamente porsi in un'ottica più adulta che lo lasci capace di esprimere con la responsabilità della proprie azioni ciò che veramente ha intenzione di costruire, senza sentirsi escluso dalla direzione che il mondo conseguentemente imboccherà.

Nessuna parola pronunciata da un ipotetico "leader", che potrebbe divenire portatrice sana di una maliziosa circuizione di massa, dovrà pertanto avere effetto sulla scelta che ogni persona sarà chiamata ad intraprendere d'ora in avanti, poiché solo per mezzo di un ideale derivato da un'analisi introspettiva si rifletterà il concreto bisogno di creare un mondo nuovo, abbondante, pulsante e vivo nell'intimità di ogni essere umano.

Conclusioni

Se dovessimo soffermarci sulla vita dell'uomo, altro non potremmo convenire se non che la sua libertà sia stata sempre e comunque relegata ad un ruolo di fantasiosa circoscrizione mentale. Da quando infatti questo mostra una memoria di civiltà, la sua nascita ha costantemente collimato con il calcare una terra già governata da un potere fortemente consolidato, i cui albori possono storicamente contestualizzarsi attorno ad un periodo riconducibile alle popolazioni sumere (4000 a.c.).

A prescindere dal "colore" della sua pelle o dal suo luogo d'origine, ogni individuo ha sempre dovuto fronteggiare una disposizione alienante del potere verso cui mostrare sottomissione, perpetrata in ogni dove per mezzo di un'abitudine a cui assoggettarsi senza remore, piuttosto invece che rischiare d'incorrere in una pena di morte, in un esilio o in una pubblica malevolenza. Nati senza memi, gli esseri umani hanno quindi convissuto assieme a coloro aventi la capacità di artificializzare l'ambiente che, puntualmente abilitati a tramandare una visuale del mondo in cui una stretta gerarchia ben marcata e dall'esclusivo accesso detiene "consuetudinariamente" il dominio di qualsiasi potere o di qualsivoglia vita, hanno saputo dimostrarsi forti occultatori di verità e delimitatori di pensiero.

L'educazione perciò, il cui ruolo incarna necessariamente la base di partenza sopra alla quale edificare l'innovazione, ha sempre dovuto piegarsi in relazione ad un assioma di tradizionalismo sfrenato e volutamente mantenuto, cosicché il suo impiego ha ininterrottamente ritualizzato un "retaggio" che, salvo l'essere spinto fino al proprio limite d'accettazione od imbattersi in una aumento naturale della presa di coscienza collettiva nei confronti del potere individuale, non ha mai concesso la piena discussione delle sue più profonde fondamenta. Ogni lotta, ogni rivalsa, ogni liberazione, non ha allora mai saputo spezzare quella delimitante catena mentale che continua tuttora a permanere e a riproporsi ciclicamente in un'incessante veste dalle connotazioni verticali, tramite la quale altro non può essere fatto se non tramandare una dittatura gradualmente sempre più defilata (segretezza).

Ammesso tuttavia che ogni tornante istituzionale storico possa considerarsi come un concreto passo in avanti verso la liberazione totale dell'uomo, l'andamento cronologico delle azioni umane finora designato mostra chiaramente una naturale propensione ad un acquisizione, lenta ma costante, della presa di coscienza collettiva e conseguentemente un'azione di sicura rottura con la verticalità fin'ora oculatamente imposta. Il frangente verso cui da millenni si sta sinuosamente procedendo volge quindi all'alba di una nuova era, le cui rinnovate caratteristiche lasciano completamente presagire non solo un cambiamento integrale delle forme governative vigenti (che mai potranno definirsi definitive), bensì una totale ed univoca maturazione del modo di pensare collettivo.

Tuttavia, qualsiasi scelta dovesse essere intrapresa in ambito odierno non necessariamente potrebbe collimare con un consenso che tempo a dietro sarebbe stato invece certamente scontato. Non si tratta più infatti di una semplice lotta per il potere o di una "pseudo" rivoluzione dalle sfumature prettamente armate, i cui scopi da sempre aleggiano attorno ad una sostituzione del potere con una sua relativa redistribuzione, ma sovviene incalzante una volontà finemente unificata di non poter più percorrere alcun metro sulla strada su cui fino ad ora si ha camminato senza sosta e senza alternativa.

In fin dei conti, per liberarsi dal sistema attuale, a cosa potrebbe servire combattere armatamente contro una macchina che cerca solamente consenso per funzionare? A cosa potrebbe quindi portare il manifestare in strada (con dei cortei) un proprio dissenso verso un'istituzione verticale, al cui interno trovino legittimamente posto individui non obbligati (per regolamento) a mostrarne alcun interesse? Che senso potrebbe mai avere farsi ancora una volta sommergere da dei bagni di folla dagli obiettivi altisonanti, sempre ridondanti di demagogia e di circuizione di massa? Perché sprecare stupidamente delle vite umane contro un muro che da millenni si intride delle modalità con cui reprimere dei "rivoltosi" o, per meglio dire, tutti coloro aventi il coraggio e la personalità di agire contro uno scempio palesemente smisurato?

Come si potrà ben capire, esclusa dai limiti imposti dalla pacifica convivenza ed intesa da un punto di vista amministrativo, la libertà non ha mai raccolto una valore dallo spessore così rilevante rispetto a quello aleggiante nel periodo odierno. Sebbene in passato molti siano coraggiosamente caduti per difenderne l'ideale e nonostante altrettanti siano stati i cambiamenti conseguiti grazie al loro sacrificio, la possibilità che si apre negli anni direttamente a venire non lascia più alcuno spazio (come accadeva invece in passato) ad interpretazioni dei suoi mezzi termini.

Non si discute più infatti di quanto possa o debba essere lunga la "catena" cingente ogni caviglia, non si distingue più chi "possa" o chi "non possa" accedere ad una determinata qualità dell'esistenza, ma si orienta ogni possibile interesse ed energia verso una completa ridefinizione di tutto ciò che rappresenta un impedimento al bene stare collettivo, riflettendo necessariamente un totale ridisegno di ogni servizio nato e divenuto malato (come le istituzioni, l'economia, [...]), cosicché la vita nel suo senso più lato possa finalmente divenire una celebrazione, anziché una consueta sopravvivenza.

Non si tratterà più di come rannicchiarsi dentro un mondo cagionevole dalle connotazioni squilibrate, la cui distribuzione materiale, spirituale e partecipativa possa ancora mostrare degli esclusivismi, né in un panorama politico animato dal solo dualismo o da dei "teatranti attivi" di fronte a degli ormai inermi "spettatori passivi", oppure da dei "venditori di prodotti" dinanzi a dei "consumatori forzatamente abituali". Semplicemente questa sarà la volta in cui, dopo incredibili sofferenze, si affaccerà sul pianeta il vero ed unico popolo terrestre, il cui manifestarsi altro non potrà fare se non trasformare ogni attimo ad esso precedente in un puro intrattenimento dai lineamenti premeditati e segreti, in fin dei conti naturali.

Il potere allora non è da conquistare né tantomeno da distruggere, bensì da riforgiare in una forma del tutto rispettosa per gli individui, che sappia quindi tenere ben presenti gli errori del passato, per cui gli umani non possano ulteriormente sfruttare una conformazione organizzativa "sbagliata" per perseguire degli scopi visibilmente sconvenienti alla maggioranza. Interrompere quella ciclicità perseverante fin dalle epoche trascorse, diviene perciò fonte di primario interesse per tutti coloro che, prima di qualsiasi altra cosa, hanno iniziato a sentirsi liberi nel proprio Io.

Stanchi dei soprusi, delle ingiustizie o di quell'artificioso senso di divisione relativo all'appartenenza ad una moltitudine di popoli, sempre più individui divengono partecipi di un connaturato disagio, irrefrenabilmente alimentato da una realtà non più in grado di rispecchiare correttamente l'immagine che l'uomo vorrebbe invece proiettare di sé.

Sebbene alcuni possano ancora permanere in uno stato abituale di vegetativa apatia, definita per mezzo di una falsa visione della vita o da delle informazioni di tipo fuorviante presenti nell'ambiente circostante, l'incapacità di liberarsi in modo autonomo da quella vischiosa melma di pregiudizi o da quelle regole così tanto banali quanto fini a sé stesse sta inesorabilmente avvizzendo in favore di una nuova visione del rapportarsi. Giorno dopo giorno, senza prospettare alcuna possibilità di contenimento, tale pensiero si moltiplica irrefrenabile in un numero sempre crescente di "cellule uomo", costituenti in modo più o meno consapevole quel nuovo ed incombattibile organismo che prende il nome di "umanità libera".

Se come disse Ghandi "la disobbedienza civile diviene un dovere sacro quando lo Stato diventa dispotico o, il che è la stessa cosa, corrotto. E un cittadino che scende a patti con un simile Stato è partecipe della sua corruzione e del suo dispotismo", diviene chiaro che al giorno d'oggi parlare di "liberazione" si appresti ad essere un tema urgente per non rendersi partecipi di una siffatta malattia sociale.

Se dunque in nome di una liberazione si deve agire, perché mai si dovrebbe attendere un ipotetico messia? Perché poi la si dovrebbe raggiungere percorrendo quel consueto e ripetitivo percorso belligerante? Non equivarrebbe forse ad un una mancanza di maturità nel confronto, nonché ad una perpetuazione della coercizione in qualità di elemento cui conquistare potere? Non si insegnerebbe ancora una volta a prendere ciò che si vuole con la forza e nel mancato rispetto dei canoni più cari alla vita? In sostituzione ad un agire violento, di cui si conoscerebbero gli esiti prima ancora di potervisi imbattere, non sarebbe invece migliore sviluppare un'organizzazione capace di raccogliere ed incanalare quello smodato flusso di disagi e di consensi ad oggi tra loro isolati, in modo da conseguire un risultato silenziosamente organizzato, il cui sbocciare fiorirebbe in un successo conseguito direttamente per mezzo di una tacita, ma coscienziosa maggioranza (valore soglia)?

Tenendo ben a mente che una "lotta" può decontestualizzare il proprio significato al variare di chi la porta avanti, i prossimi terrestri, quelli che già adesso calcano disorganizzatamente (ancora per poco) ma più convinti che mai questa terra, non avranno bisogno di rapportarsi con delle fazioni contrapposte e divise da dei meri punti di vista, ne tantomeno necessiteranno di chiedere ad un "qualcuno" il permesso di liberarsi da dei ceppi dolorosi. Questi infatti capirebbero che così facendo si troverebbero in una situazione analoga a quella dello "schiavo che richiede la libertà al proprio padrone" (ovviamente mai concessa), ed in diretta conseguenza non permetterebbero mai che nella loro mente possa ulteriormente pervadere alcun interesse capace di trasgredire quegli orizzonti dettati sia dalla propria criticità, che da quell'universale lato umano.

Non dedichiamoci quindi alle disparate "telenovela" atte a intrattenerci create ad hoc da chi utilizza ingiustamente un potere che gli appartiene nella misura con cui noi desideriamo concederglielo. Non sviamo la nostra attenzione verso dei complotti di genere nazionale od internazionale, non perdiamo ulteriore tempo seguendo una distrazione accuratamente propinata, ma agiamo invece seguendo una causa che non necessiti della richiesta di alcun acconsentimento "superiore". Agiamo in funzione di un cambiamento definitivo che elimini una volta per tutte quella malsana occasione con cui l'uomo diviene ladro. Agiamo senza il bisogno di chiedere alcun permesso a chi crede di avere delle scarpe da poter essere pestate, ma che in realtà senza la nostra attenzione nei suoi confronti non ha nemmeno i piedi con cui poter camminare.

Se la storia è costituita da "fatti" è senz'altro vero che questi a loro volta sono compiuti dalle persone. Giunge allora un momento in cui la responsabilità individuale prendere il sopravvento su ciò che da sempre ci sottomette, producendo quell'attimo storico in cui, come già detto, il nuovo ha la forza necessaria per scalzare quel vecchio truffatore, perseverante e fin'ora impunito per le sue malefatte.

Capiamo di essere stufi di impersonare un ruolo marginale nella storia che invece ci appartiene e di volere intensamente dimostrare di cosa siamo fatti al mondo intero. Capiamo che le persone, che avrebbero la forza di tramutare questo inferno in un autentico paradiso, sono e restano la sola chiave di qualsiasi cosa potrebbe riservare il futuro. Capiamo di essere intrattenuti mentre coloro a cui concediamo potere vivono come parassiti sulle nostre ormai logore spalle. Realizziamo che ci viene fatto insensatamente credere che la crescita numerica del mercato rappresenti un ideale perseguibile di progresso, e che addirittura ci sforziamo, in virtù di una credenza appositamente fornita, per guardarci reciprocamente con disprezzo, senza perciò comprendere che laddove faccia comparsa un imponente "stato leviatano" altro non esista se non un impotente castello di carte, nato e costantemente mantenuto nella nostra mente, non ancora del tutto abitudinariamente mansueta. Poniamo dunque fine a quel privilegio ingiustamente appartenente a pochi, completamente avulso ed intollerabile se messo in relazione a quel rispetto che dovrebbe invece essere dovuto come sacro ad ogni essere umano.

Se, come disse Appio Claudio Cieco, "homo faber fortunae suae" (L'uomo è l'artefice della sua fortuna), non è più tempo di aspettare l'avvento di un ulteriore ed inutile salvatore, magari ben propagandato, o di sperare di compiere dei cambiamenti attraverso l'accesso all'interno dell'organizzazione vigente, poiché queste in ogni loro espressione sono e rimangono il parto contorto di una speranza traditrice, che niente assicura, ma che tutto porta via.

Dato che uno dei motivi principali per cui le persone si uniscono in un'organizzazione di gruppo è quello di garantirsi dei servizi e dei benefici atti ad aumentare la loro sopravvivenza, si presume ovviamente che ogni parte della sua conformazione sia necessariamente rivolta a determinare delle opere capaci di avvantaggiare tutti gli individui che ne prendono parte, senza nessuna possibilità di particolarismi od esclusivismi, poiché l'unico scopo con cui questa dovrebbe chiaramente trovare edificazione, oltre a quello di rispondere alla percezione di una necessità organizzativa collettiva, sarebbe solamente quello di soddisfare le disparate esigenze esposte dal corpo sociale.

Dal momento invece in cui tali elementi non dovessero sussistere o divenissero per giunta nocivi, il senso della partecipazione da parte delle persone ad una tale macchinazione diverrebbe conseguentemente paradossale.

Se infatti ogni cosa creata dall'uomo dovrebbe obbligatoriamente servirlo e riverirlo, che senso potrebbe mai avere mantenere operativi dei servizi fini solamente a se stessi o all'interesse di quei pochi? Perché non abbattere una "creatura" inanimata su cui l'uomo ha pieno controllo, nel caso in cui questa non dovesse più mostrare quel completo ed incondizionato servilismo per cui è stata plasmata? Ma soprattutto, perché aspettare che coloro che ne traggano esclusivo beneficio concedano il loro benestare per un'eventuale azione demolitiva? Non sarebbe forse un'azione da stupidi illusi? Non ci è stato forse propinato che lo "stato" è formato dalle persone che esercitano la propria sovranità su di un territorio? Giunge allora il momento di iniziare seriamente ad esercitare il potere con cui tutti noi siamo nati. Giunge il tempo di iniziare finalmente a comandare la nostra vita.

Immaginiamo cosa significherebbe vivere in un mondo che non conosce lo stato, le lobby, il petrolio, la moda, l'economia, le automobili, il cemento, le case farmaceutiche, [...]. Quanto sarebbe differente il nostro approccio alla vita? Quanto sarebbe chiaro che tutto ciò che oggi si trova intorno a noi descriverebbe solamente una misera parte di un infinito possibile? Cos'è quindi il progresso se non un differente, ma non necessariamente migliore, programma memetico? Cosa può aver significato la libertà nella sua massima espressione? Che valore può aver mai avuto la possibilità di risiedere nella neutralità disposta subito fuori da questa realtà, o da questo limitato schema mentale? A cosa porta non sentirsi più parte di questa falsificata storia?

Adesso non possiamo più attendere, vogliamo decidere come vivere esercitando quel ruolo di padrone che da sempre ci spetta.

Non è forse arrivato il momento di cambiare l'ambiente circostante, o il modo in cui vivere la propria vita, senza rimanere ulteriormente inerti e passivi? Non ci troviamo di fronte allo scadere di questo tempo malato, cosparso di errori illogici ed ingiustificatamente banali? Non dovremmo smetterla di lasciarci influenzare da dei residui di culture arretrate, o di cadere succubi di un "campo" informativo artificialmente forgiato, il cui unico fine sia chiaramente quello di plagiarci per fini sottomissivo\integrativi? Non potremmo criticamente e pubblicamente selezionare i memi utili e "buoni", scartando quelli inutili e "malvagi"? Non potremmo scegliere il tipo di civiltà che desideriamo costituire una volta per tutte? Non è giunta l'ora di vivere una nuova realtà visibile con i soli occhi dell'intelligenza, in cui risiede l'ultima vera battaglia, capace di vincere l'ignoranza e di distrugge il fanatismo servile di una vita formata da illusioni?

Tenendo poi ben presente che "in ogni comunità politica di tutti i tempi e di tutti i luoghi c'è sempre una certa percentuale di cittadini che vivono alle spalle degli altri, e che il grado di civiltà politica può essere quindi misurato per mezzo della quantità di "parassiti" presenti nella società, perché non adottare un sistema che li escluda del tutto in una sola volta, ora che se ne hanno i mezzi? Perché non smettere di ricalcare le orme sbagliate di un "padre" che da millenni vuole necessariamente inquadrare qualsiasi figlio ad una sua cieca obbedienza e continuità? Perché mai non si dovrebbe assecondare la propria natura e maturare, col fine di realizzare ciò che si desidera per la propria vita in completa libertà di tutti quei condizionamenti coercitivi da sempre imposti in modo del tutto assiomatico? Come possiamo provare ancora della paura di fronte a ciò che deve necessariamente obbedirci?

In vista di una risolutiva soluzione, gli uomini ormai liberi ringraziano tutti coloro che fino ad oggi hanno irrimediabilmente abusato della loro innaturale pazienza, e dal luogo di una ritrovata criticità morale, li salutano amorevolmente, annientando nell'aulicità di tale gesto i residui istillati da una malattia che gli umani non hanno mai scelto di avere, ma che nonostante tutto hanno sempre dovuto tacitamente sopportare.

Ringraziamo quindi quell'operato platealmente parassitario e sottomittente, senza il quale nessuna pressante necessità avrebbe sospinto il desiderio di risollevare le proprie sorti. Grazie ancora a tutte quelle zecche usurpatrici di potere che, giunte ad un traguardo di completa inutilità, mai e poi mai vedranno nuovamente concedersi la possibilità di bloccare quell'infinita felicità tipica dell'essere umano, troppo a lungo ingiustamente preclusa.

Stanchi di essere contornati da "scimmie" o da "trogloditi appositamente forgiati", incapaci tanto di prendere in mano la propria sorte, quanto di opporsi alla coercizione mentale di un mondo falsamente povero, l'ultima rivoluzione, quella che combatte nella coscienza di ogni individuo da chissà quanti millenni, sta ormai vincendo ogni stendardo.

Nel divenire ciò che è nel suo destino, l'umano "2.0", quello comprensivo del proprio potere e delle sue capacità, sostituisce l'obsoleto "1.0".

Analogamente a dei saggi contadini, giunge il tempo di capire che si raccoglie un frutto per ogni stagione. Di comprendere che il sapore del domani altro non è se non il seminato del presente. Di cercare una verità indissolubilmente legata alla terra, viva ed intrinseca nella profondità di ogni essere umano.

È il momento, ancora una volta, di tuffarsi tutti insieme nelle sinuose rapide del cambiamento.

Un caloroso ringraziamento ai miei amici Andrea Giannini e Sara Angelotti.